조금 더 예쁘게 말하면
좋을 텐데

조금 더 예쁘게 말하면
좋을 텐데
ⓒ추지윤

초판 1쇄 인쇄 2025년 5월 15일

지은이 추지윤
디자인 김지혜
마케팅 정호윤, 김민지, 송유경
펴낸곳 모티브
이메일 motive@billionairecorp.com

ISBN 979-11-94600-13-8 (03810)

파본은 구입하신 서점에서 교환해 드립니다.
이 책은 저작권법에 의해 보호를 받는 저작물이기에 무단 전재와 복제를 금합니다.

말이 달라지면 삶이 달라집니다

조금 더 예쁘게 말하면 좋을 텐데

추지윤 지음

모티브

프롤로그

말하기가 달라지면,
삶도 달라집니다

아나운서, 국내 최대 규모 스피치 커뮤니티 '드림메이트' 대표, 스피치 분석 숏폼 조회수 도합 800만 회.

저는 지금까지 말하기에 대해 끊임없이 연구해왔습니다. 드라마나 예능을 볼 때도 프로그램의 내용보다, 출연자의 말투, 목소리, 발음이 먼저 눈에 들어올 정도죠.

어릴 때부터 국어를 유독 좋아했던 저는, 아무도 시키지 않았지만 시집 노트를 만들어 다녔는데요. 시를 통해 다양한 표현법과 단어를 자연스럽게 익혔고, 덕분에 전국 최상위권 학생들이 모인다는 고등학교에 진학한 뒤에도 국어 성적은 꾸준히 상위권을 유지할 수 있었습니다. 대학교에 들어가서도 언어 감각을 꾸준히 갈고닦았고, 그 결과 응시자의 상위 2%만 취득할 수 있다는 KBS 한국어능력시험 1급에 합격, 우수상까지 받았습니다. 그리고 이러한 능력을 살려 저는 아나운서가 되었습니다.

언어를 탐구하고 목소리로 전달하는 일은 제게 자연스러운 흐름이었고, 이는 스피치 교육으로까지 이어졌습니다.

"어떻게 하면 말을 잘할 수 있을까요?"

많은 사람들이 제게 묻습니다.
그래서 국내 최대 규모의 온라인 스피치 챌린지 〈드림메이트〉를 운영하게 되었습니다. 뉴스, 인터뷰, MC 등 다양한 원고를 읽으며 말하기를 연습하는 프로그램입니다. 오픈 2년 만에 누적 회원 2만 명을 돌파했고, 참가자들은 놀라운 성장을 이뤄냈습니다. 매기수 '성장 장학생'을 선발하는데요. 1일 차와 마지막 날(20일 차)의 차이를 보며 스스로도 놀라곤 합니다. 참가자분들의 음성 녹음본을 반복해서 들으며, 다시 확인하게 됩니다. "같은 사람, 맞아?" 이 경험을 통해 저는 확신했습니다. 말하기는 타고나는 것이 아니라, 연습을 통해 누구나 좋아질 수 있다는 사실을요.

2019년에는 '아나운서 준비생 브이로그'를 주제로 유튜브 채널을 시작했습니다. 처음 유튜브를 하겠다고 했을 땐, 채용 과정에서 오히려 독이 될 거라는 주변의 우려도 있었습니다. 하지만 저는 '도전 옆에는 언제나 불확실성이 따른다'고 생각했고, 오히려 독자적인 콘텐츠를 만들 기회라고 믿었습니다. 그 결과, 많은 사람들이 제 영상을 보며 동기부여를 받았고, 저 역시 이 과정에서 더 성장할 수 있었습니다. 그저 영상을 소비할 수 있는 하나의 유튜브 '채널'이 아니라 같은 처지의 사람들과 정보를 공유하고 함께 응원할 수 있는 '커뮤니티'가 되고 싶다는 생각에서 출발했습니다.

취업 준비를 하다보면 외로울 때가 참 많아요. 책을 읽고 있는 '취준생' 독자는 매우 공감할 것이라고 확신합니다. 아나운서 취업 스터디에서 친구들을 만나면 '아준'(아나운서 준비를 이렇게 줄여서 말하곤 합니다)은 너무 외롭고 힘든 과정이라는 이야기를 많이 합니다.

세상에 안 힘든 일이 어디있겠냐만은 아나운서 준비가 유독 힘들다고 생각한 이유는 바로 **정답이 없는 시험**이기 때문입니다.

아나운서 시험은 기본적인 발성과 발음 등을 제외한 평가 항목에 대해서 각 기관이나 방송사마다 평가 기준이 다르기 때문에 정확한 답보다는 자신의 능력과 개성을 발전시키는 것이 중요한 시험이라고 생각합니다. 그래서 그런지 시험에서 떨어지면 나 자신을 가장 먼저 탓하게 되는 시험이기도 하죠. 이런 외로운 준비 과정을 겪는 사람들과 함께 커뮤니티를 만들고 싶었습니다. 준비 과정에서 생기는 어려움을 함께 나누고 해결하고, 댓글로 서로 응원해 줄 수 있는 그런 역할을 하고 싶었달까요. 그래서 아나운서 학원 잘 고르는 방법 및 영어 자격증·KBS 한국어능력시험 등 시험 관련 정보와 공부 노하우 그리고 채용 과정과 결과 등을 솔직하게 담은 영상들을 올렸습니다. 물론 자신이 가진 걸 나누면 손해라고 생각하는 사람이 있을 수도 있겠습니다. 실제로 방송국에서 만난 한 선배는 '너 스터디 같은 거 하면 바보같이 다 퍼주지?' 라고 얘기한 적도 있습니다. 물론 걱정하는 마음에 그런 말씀을 해주셨다는 걸 알지만, 저는 나눔이 결코 손해라고 생각하지 않았습니다.

그래서 이 책을 씁니다. 누구나 말하기를 통해 자신감을 얻을 수 있도록, 더는 말 때문에 상처받거나 주눅 들지 않도록.
예쁘게 다듬어진 따뜻한 말 한마디는 관계를 바꾸고, 더 나아가 우리의 삶까지도 바꿀 수 있을 것입니다.

이 책에는 제가 쌓아온 모든 노하우를 담았습니다. 누구나 쉽게 따라 할 수 있는 연습법을 정리했습니다. 책을 다 읽고 나면 분명 달라질 것입니다. 목소리에 자신감이 붙고, 말이 부드러워지고, 설득력도 더해질 것입니다.

조금만 더 다듬으면, 조금만 더 신경 쓰면, 우리의 말은 훨씬 따뜻하고 아름다워질 수 있습니다.
이제, 여러분도 더 예쁘게 말할 준비가 되셨나요? 함께 연습해 봅시다.

말이 달라지면, 삶이 달라집니다.

차례

프롤로그 말하기가 달라지면, 삶도 달라집니다   004

Chapter 1   말 한마디의 중요성

1. 성공 확률을 높이는 한 마디   014
2. 무심코 던진 한 마디   019
3. 원하는 답변을 얻을 수 있는 한마디   022
4. 포기하려던 나를 다시 달리게 한 한 마디   027

Chapter 2   끌리는 사람의 말하기

1. 첫인상을 좌우하는 목소리 톤   034
2. 귀에 꽂히는 발음 만들기, 사소한 차이 큰 변화   047
3. 나는 주인공이 아니다   057
4. 질문하기 : 열린 질문의 힘!   061
5. 계속 말을 걸고 싶게 만드는 반응/리액션   069
6. 모르는 척 하기   075
7. 긍정의 매직   079

Chapter 3 안하는 게 더 나은 말하기

1. 함부로 추측하지 말기 … 086
2. 돌려 돌려 말하지 말기 … 091
3. 말을 잘 하려고 하지 말기 … 096
4. 명령조 사용하지 말기 … 101
5. 변명부터 하지 말기 … 104
6. 진짜 아는지 떠보지 말기 … 108
7. 요청하지 않은 조언은 넣어두기 … 111
8. MZ 말투 고치기 … 115

Chapter 4 어려운 상황에서의 말하기

1. 초면 talk … 130
2. 말문이 막혔을 때 … 134
3. 거절하기 … 138
4. 칭찬 받아들이기 … 142
5. 죽고 싶다는 사람과의 대화 … 146
6. 나쁜 소식을 전해야할 때 … 150
7. 민감한 주제는 어떻게 대화해야 할까? … 154

대중 앞에서 말하기

1. 긴장했음을 솔직하게 받아들이기   158
2. 말하기의 시작, 인사   161
3. 웃음 머금고 말하기   166
4. 몸짓도 언어다   170
5. 집중력 끌어올리는 눈맞춤 3 point   173
6. 숫자 붙여 말하기   178
7. 말맛을 살리는 비법   181
8. 실수했을 때   187

관계를 지키는 말하기

1. 내 감정을 솔직하게 말하기   192
2. 미안해가 아닌 알겠어가 나올 수 있도록 : 같은 어조로 말하기   197
3. 마법의 단어 '~구나'   200
4. 구체적으로 말하기   204
5. 호칭 붙이기   207
6. 구체적인 감사   210
7. 화가 났을 때는 직선으로!   215

Chapter 7 나를 위한 말하기

1. 준비 안하고 말 잘하는 사람 없다 220
2. 표현력 늘리기, 매력적으로 말하기 225

에필로그 230

chapter 1

말 한마디의 중요성

같은 능력을 가졌어도, 같은 상황에 있어도 말 한마디 차이로 결과는 극명하게 갈릴 수 있습니다.
성공 확률을 높이는 한 마디, 사람의 마음을 여는 한 마디, 분위기를 부드럽게 만드는 한 마디, 그리고 상대에게 신뢰를 심어주는 한 마디가 분명 있습니다.
이 장에서는 우리가 무심코 지나칠 수 있는 말들이 얼마나 큰 영향을 미치는지, 그리고 어떻게 하면 더 좋은 결과를 가져오는 말을 할 수 있는지 이야기해보려 합니다.

01

성공 확률을 높이는
한 마디

SPOTV 인턴 아나운서를 할 때의 일이었습니다.

첫 방송을 하던 날이 아직도 생생합니다. 3개월이 넘는 교육 기간을 거친 후, 마침내 방송 데뷔를 앞둔 순간이었습니다. 2021-22 KBL 리그, 제가 맡은 첫 사전 인터뷰의 주인공은 당시 수원 KT의 허훈 선수였습니다. 사전 인터뷰란 경기 시작 약 1시간 전, 미리 섭외된 선수를 대상으로 진행하는 짧은 인터뷰를 말합니다.

당시 수원 KT는 10주 연속 리그 선두를 달리고 있었지만, 유일하게 SK를 상대로는 승리를 거두지 못한 상황이었습니다. 게다가 허훈 선수는 부상으로 인해 시즌 초반 SK와의 경기에 출전한 적이 없었죠. 그런 만큼, 이날 경기는 그에게도 특별한 의미가 있을 것 같았습니다.

저는 그에게 첫 질문을 이렇게 던졌습니다.

"이번 시즌 처음으로 SK를 만나게 되는데,
각오 한 말씀 부탁드립니다."

그는 망설임 없이 대답했습니다.

"오늘 경기가 매진인 만큼,
팬들 앞에서 죽기 살기로 뛰어서 반드시 이기겠습니다."

허훈 선수는 이날 12득점 3리바운드 7어시스트를 기록하며 SK 상대로 시즌 첫 팀 승리를 이끌었습니다. 그리고 이후에도 그는 인터뷰에서 줄곧 "무조건 이기는 경기를 만들겠다"는 강한 의지를 드러냈습니다. 흥미로운 점은, 그런 그의 말이 실제 경기력으로도 이어졌다는 것입니다.

'무조건 이기겠다'는 한 마디는 그의 플레이를 스스로 다잡는 듯했고, 실제 경기에서도 그 의지를 몸소 증명해보였습니다. 허훈 선수가 인기 프로농구 선수로 자리 잡은 이유 중 하나도, 어쩌면 이러한 확신에 찬 말과 행동 덕분이 아닐까요.

이처럼, 말의 힘은 우리가 생각하는 것보다 훨씬 큽니다. 말은 때때로 스스로를 설득하고, 주변을 변화시키는 강력한 도구가 됩니다. "반드시 이기겠다"는 그의 말은 단순한 인터뷰 답변이 아니라 스스로 마음을 다잡고 경기력에까지 영향을 미치는 자기암시 역할을 했다고 생각합니다. 실제로 사람은 자신이 반복해서 말하는 것에 점점 더 확신을 갖게 되고, 이는 실제 행동으로 이어진다고 합니다. 2016년 리우올림픽에서 최고의 명장면을 만든 펜싱 박상영 선수를 기억하시나요? 당시 세계 랭킹 21위이던 그는 세계 3위인 헝가리의 '제자 임레' 선수와 맞대결해 대역전에 성공했습니다.

한 번이라도 동시타를 허용하면 경기가 종료되는 상황. 경기가 시작되기 전, 그는 '할 수 있다'는 말을 계속해서 되뇌입니다. 결국 박상영 선수는 14:10이었던 스코어를 14:15로 만들며 금메달을 획득합니다. 상대 선수였던 제자 임레의 인터뷰를 보면, "마지막 4번의 공격 동안 나는 아무 것도 할 수 없었다."라고 말합니다. 승리를 향한 박상영 선수의 의지에 제압당한 것입니다.

저도 아나운서 준비생 시절 카메라 테스트를 보러 가거나, 심지어 현직자가 된 이후에도 방송 전 긴장이 될 때면 꼭 하는 의식이 하나 있습니다. 바로 거울 앞에서 스스로에게 긍정적인 말을 건네는 것입니다.

아무도 없는 화장실에서 거울을 보며 세상에서 가장 당당한 자세를 취한 뒤, 입 모양으로 외치죠.

"나는 할 수 있다! 나는 최고다!" (실제로 소리를 내진 않습니다.)

이 습관은 스포츠 아나운서로 최종 면접을 보기 전에도, 600명이 넘는 청중 앞에서 구청장 취임식 사회를 맡기 직전에도 저를 지탱해줬습니다. 말이 주는 힘은 생각보다 강력했습니다. 심리학에서 말하는 '피그말리온 효과'와 같은 원리라고 할 수 있습니다. 자신에 대한 긍정적인 믿음과 기대가 실제 결과를 변화시키는 것이죠. 내가 나를 믿고 긍정적인 확신을 가지면, 그것이 곧 태도와 행동을 바꾸고, 결국 원하는 목표로 다가설 수 있도록 도와줍니다.

실제로도 이 의식을 통해 긴장된 마음을 가라앉히고 최종 면접에 무사히 임할 수 있었고 그 결과 합격이라는 좋은 소식을 들을 수 있었습니다. 또, 난생처음 맡은 대규모 행사 진행. 취임식이라는 격식을 갖춘 자리에서 사회자로서 실수 없이 행사를 마쳐야 한다는 부담감이 컸지만, 이 의식을 통해 당당하고 자신감 있게 행사를 마무리할 수 있었습니다.

이런 자기 암시는 취업 면접, 발표, 인간관계 등 우리 삶의 다양한 순간에서 긍정적으로 작용됩니다. 여러분도 긴장되는 순간이 온다면 움츠러들기보다는 스스로에게 긍정적인 말을 걸어보세요. 스스로를 믿는 순간, 그 믿음은 현실이 됩니다.

02

무심코 던진 한 마디

이번 에피소드는 부끄럽지만 저의 실수담입니다.

방송 데뷔 전, 인턴 교육을 받던 시절의 일입니다. 경기 시작 전, 관전 포인트를 짚어주는 사전 리포팅을 연습하는 시간이었습니다. 이날 저는 최근 팀을 옮긴 선수에 대한 대본을 작성했습니다.

"이미 컵대회를 통해 새로운 팀 SK에서 적응을 잘 한 모습을 보여준 허일영 선수, 오늘 친정팀과의 맞대결에선 또 어떤 활약을 할지 지켜봐주시고요."

그런데 이 리포팅을 들은 선배가 한 가지 지적을 했습니다. 혹시 어떤 부분에서 지적을 받았을지 예상이 되시나요?

선배는 이렇게 말했습니다. "'적응을 잘 했다'는 표현은 마치 네가 선수를 평가하는 듯한 뉘앙스를 줄 수 있어." 그때 깨달았습니다. 같은 뜻이라도 어떤 말투와 표현을 쓰느냐에 따라 전달되는 느낌이 달라진다는 것을 말이죠. 그러면서 선배는 '적응을 잘했다'라는 평가의 말보다는 '컵대회에서 우승하면서 SK에 잘 녹아든 것 같다'는 식으로 선수의 능동성을 강조하는 표현을 써보라고 조언해주셨습니다.

저의 실수는 데뷔 후, 인터뷰에서도 나왔는데요. 2021-22 시즌 KBL 정규리그 마지막 경기, 당시 원주 DB의 주장 김종규 선수를 인터뷰할 때였습니다. 저는 이렇게 질문했습니다.

"아쉽게 플레이오프는 좌절됐지만, 다음이 있잖아요.
다음 시즌엔 어떤 모습 보여주고 싶은가요?"

이 질문에 대한 김종규 선수의 대답에는 "미안하다"는 말이 반복되었습니다. 그 순간 깨달았습니다. 인터뷰어가 '아쉽게 좌절됐다'는 표현을 사용함으로써, 이미 질문에 부정적인 프레임을 씌워 버린 것을 말이죠. 그렇다면 어떻게 질문을 바꿨어야 했을까요?

"이번 시즌 경험을 바탕으로,
다음 시즌엔 어떤 모습을 보여주고 싶은가요?"

이렇게 질문했더라면, 인터뷰어가 아닌 선수 스스로가 시즌을 평가하고 다음 시즌에 대한 각오 등 긍정적인 답변을 이끌어낼 수 있었을 것입니다. 이 실수를 경험한 이후, 저는 말을 할 때 한 번 더 생각하는 습관을 들였습니다. 나의 말 한마디가 상대의 태도와 답변을 변화시키는 힘을 가진다는 것을 깨달았기 때문입니다.

03

원하는 답변을 얻을 수 있는 한마디

스포츠 아나운서가 사전 인터뷰를 준비할 때는 혼자 질문을 선정하는 날도 있지만, 경기장에 도착해 방송을 하기 전에 캐스터 선배나 해설위원님과 함께 밥을 먹으며 조언을 구하는 경우도 많습니다. 농구를 저보다 훨씬 더 오래 접하셨고, 선수들과의 친분도 있는 위원님들의 조언은 정말 큰 도움이 됐는데요.

그날도 마찬가지였습니다. 인터뷰 대상은 원주 DB의 김훈 선수. 그는 정강이 피로골절 부상으로 오랜 기간 결장하다가, 복귀한 지 얼마 안 된 상황이었습니다. 저는 해설위원님께 질문을 어떻게 하면 좋을지 여쭤보았습니다.

> "그냥 단순히 몸 상태가 어떤지 묻는 것보다, 부상 부위를 짚어주고 정확한 몸 상태를 물어보는 게 좋겠어."

이 조언을 듣고 질문을 이렇게 다듬었습니다.

> "피로골절 때문에 출전시간이 적은 상황인데, 현재 정확한 몸 상태는 어떤가요?"

단순히 "몸 상태가 어떤가요?"라고 묻는 것보다, 구체적인 부상 부위를 언급하면서 질문하니 명확한 답변을 이끌어낼 수 있었습니다. 시청자들도 단순히 몸 상태가 좋다, 나쁘다가 궁금한 것이 아니라 '부상 당한 그 부위, 이제는 괜찮은지'가 궁금할테죠.

이 경험을 통해 질문의 정확성과 맥락이 얼마나 중요한지 다시 한번 깨달았습니다. 좋은 질문을 만들기 위해서는 단순히 "어떤 이야기를 듣고 싶은가?"를 넘어서, "어떤 방식으로 질문을 해야 듣는 사람도 대답하기 편할까?"까지 고려해야 합니다.

1. "몸 상태가 어떤가요?"
2. "피로골절 이후 출전 시간이 제한적인데, 몸 상태는 어느 정도 회복되었나요?"

이 두 질문의 차이는 무엇일까요?
 바로 부상 이력과 경기 상황 등 맥락이 포함되었는가 아닌가입니다.
 인터뷰를 할 때, 선수마다 미디어 대응 방식이 다릅니다. 미디어에 자주 노출된 미디어 친화형 선수라면 "몸 상태가 어떤가요?" 같은 짧은 질문에도 시청자들이 궁금해할 내용을 알아서 풀어 설명해줄 수도 있겠습니다. 하지만 그렇지 않은 경우가 더 많습니다.
 만약 그런 선수에게 "몸 상태가 어떤가요?"라고 묻는다면?

"좋습니다."
"아직 최상의 컨디션은 아닙니다."

이처럼 짧은 대답이 나올 가능성이 큽니다. 인터뷰어가 질문만 던져두고, 상대가 좋은 답변을 해주길 바라는 것은 올바른 태도가 아닙니다. 질문 자체를 잘 구성해, 인터뷰이가 깊이 생각하지 않아도 깊이 있는 답변을 할 수 있도록 도와야 합니다.

　질문을 만들 때 또 한 가지 중요한 점은 선입견을 배제하는 것입니다. 앞서 김종규 선수와의 인터뷰에서 "미안하다"는 답변이 반복되었던 것도, 질문 속에 부정적인 프레임을 씌웠기 때문이었습니다.

　예를 들어,

"아직 몸이 완전히 회복되지 않은 것 같은데, 괜찮나요?" **(X)**

　이 질문은 '회복되지 않았다'라는 평가가 이미 포함된 표현입니다. 대신 이렇게 질문할 수 있겠죠.

"현재 컨디션은 어떠신가요?" **(O)**

　이렇게 하면 선수 스스로 자신의 상태를 설명할 기회를 가지게 되고, 더 솔직하고 풍부한 답변을 얻을 수 있습니다.

　좋은 질문은 좋은 답변을 만듭니다. 질문의 방식 하나만 바꿔도 대화의 깊이가 달라질 수 있습니다. 질문을 던지기 전에, 내가 하기 편한 질문인지, 아니면 상대가 자신의 이야기를 편하게 풀어낼 수 있는 질문인지 한 번 더 점검해 봅시다. 다음 챕터에서 일상 대화 속 좋은 질문을 만드는, 더 구체적인 방법에 대해 이야기해보겠습니다.

04

포기하려던 나를 다시 달리게 한 한 마디

유튜브를 운영하며, 댓글 하나가 얼마나 큰 영향을 줄 수 있는지를 뼈저리게 깨달았습니다. 특히, 제 영상이 취업을 준비하는 누군가에게 힘이 되었다는 댓글은 되레 저에게도 힘을 주었는데요.

2019년, 교환학생 생활을 마치고 한국으로 돌아온 후부터 '아나운서 준비생 브이로그'를 찍어 유튜브에 올리기 시작했습니다. 그 당시엔 소위 말하는 '아준생(아나운서 준비생)' 유튜브 채널이 하나도 없었습니다. 그 누구도 하지 않던 도전을 한다는 것은 굉장한 용기가 필요한 일이었습니다. 게다가 방송국 채용 과정에서 브이로그가 독이 될 수도 있다는 우려도 있었죠. 개인적인 이야기가 많다 보니, 방송사에서 이를 부정적으로 볼 수도 있다는 의견이었습니다. 하지만 저는 고민 끝에 이렇게 결론 내렸습니다.

- 도전에는 언제나 불확실성이 따른다.
- 레퍼런스가 없다는 건 오히려 새로운 기회를 만들 수 있는 가능성이 될 수 있다.
- 타인의 반응보다 중요한 것은 내가 정말 하고 싶은 일인지 스스로에게 묻는 것이다.

그렇게 유튜브 채널을 유지하기로 결심했고, 매주 아나운서 아카데미에 가서 원고 읽는 방법을 배우고 연습하는 과정부터 집에서 혼자 발성과 발음을 연습하는 모습까지 기록하고 공유했습니다.

특히 채널 내 조회수 2위(17만회) 동영상인 'KBS 면접 보고왔어요! .. 결과는...?'는 처음으로 방송국 면접을 보고 결과까지 확인하는 과정을 담은 브이로그인데요. 아나운서 직무는 아니었고, 방송사에서 일해보고 싶다는 생각 하나로 무작정 지원한 디지털뉴

스팀 인턴 면접이었습니다. 1차 면접을 보러가는 날부터 최종 발표 창을 열어 결과를 확인하는 순간까지 모든 과정을 구독자들과 함께 나눴습니다. 결과는… 불합격. 책을 집필하며 영상을 다시 봤는데 마지막에 "불합격이지만 괜찮아요"라고 애써 웃으며 말하는 제가 하나도 괜찮아보이지가 않습니다. (놀랍게도 그땐 꽤 괜찮은 척했다고 생각했어요.) 전혀 괜찮아 보이지 않는 괜찮은 척을 보고 많은 분들이 공감과 위로의 댓글을 남겨주셨을 것이라는 생각이 듭니다. 누구나 경험해봤을 만한 감정이기에.

댓글 모음

"저도 어제 취준 관련해서 속상한 일이 있어서 갑자기 하루종일 아프고 기운없었는데 자기전에 지윤님 영상보고 너무 위로받고, 편하게 잠들었어요. 지윤님 진심으로 응원합니다 ><"

"같은 취준생으로써 집중해서 봤네요ㅎㅎ 저도 항상 최종까지 갔다가 떨어지는데요.. 저희 모두 힘내봐요!!"

"같은 취준생으로서 너무너무 공감되어요 지윤님 (저도 오늘 면접탈락 이메일을 받았던지라) 더 좋은 기회가 있을 거에요!!"

"저도 최근에 면접 준비를 하면서 일주일 이주일 합격결과를 기다리며 조마조마했던 기억이 나네요! 최종까지 올라가며 더욱 간절했던 마음과 거기서 떨어졌을때 상실감은 말 못할 정도로 쓰렸어요 그런데 또 결국 다른 곳에서 되더라구요! 지윤님 정말 많이 노력하시는데 더욱 더욱 좋은 결과 있을 거에요."

이 댓글들을 보며 그 누구도 하지 않던 도전인 아준생 브이로그를 시작한 것이 처음으로 뿌듯했습니다. 이후에도 여러 채용 결과를 가감없이 보여주었고, 저는 구독자분들께 그리고 구독자분들은 저에게, 서로의 동기부여가 됐습니다.

그리고 또 하나, 기억에 남는 댓글이 있습니다. 수차례 불합격을 경험하고 지쳐 있던 어느 날, 영상에 달린 한 마디.

"이대로만 하면 잘 될 것 같다."

계정을 확인해보니 평소 존경하던 지상파 아나운서로 추정되는 분이었습니다. 제가 생각하는 분이 아닐 수도 있지만, 그 말 한 마디는 제게 다시 꿈을 꾸게 하는 힘이 되었습니다. 거듭되는 불합격으로 힘들고 포기하고 싶을 때마다 그 댓글을 떠올리며 마음을 다잡았던 기억이 납니다.

예상치 못한 격려가 한 사람의 인생을 바꾸기도 하고, 사소하게 던진 한 마디가 누군가에게는 포기하지 않을 이유가 될 수도 있습니다. 반면, 무심코 내뱉은 말이 누군가의 자신감을 꺾고 상처로 남기도 하죠. 이렇듯 말은 칼이 되기도 하고, 빛이 되기도 하는 것 같습니다. 누군가에게 상처를 주는 말보다, 누군가를 꿈꾸게 하는 말을 할 수 있는 사람이 되고 싶다는 생각이 드네요.

여러분에게도 저처럼 기억에 남는 말 한마디가 있나요?

chapter 2

끌리는 사람의 말하기

어떤 사람과는 몇 마디만 나누어도 계속 이야기하고 싶어지는 반면, 어떤 사람과의 대화는 부담스럽거나 피곤하게 느껴지기도 합니다. 왜 이런 차이가 생기는 걸까요?

우리는 평생 타인과 관계를 맺으며 살아갑니다. 태어날 때부터 관계가 맺어진 가족부터 시작해, 친구, 연인, 직장 동료까지—사람과의 관계는 우리의 삶에 지대한 영향을 미칩니다. 그리고 그 관계의 시작과 끝에는 항상 '말'이 자리하고 있습니다.

대학 시절 중어중문학을 전공하며 공자의 가르침 중 하나인 '기욕립이립인'을 배우고, 큰 깨달음을 얻었습니다. 직역하면 "자신이 서고자 하면 남도 서게 하라."라는 뜻이며, 해석 하면 "내가 원하는 것을 얻고 싶다면, 먼저 상대에게 베풀어라."는 의미입니다. 이는 대화에서도 중요한 원칙이 됩니다. '인복이 좋다.'라는 말이 있습니다. 인복은 단순한 운이 아니라, 내가 먼저 좋은 사람이 될 때 따라오는 결과라고 생각합니다. 누군가를 끌어당기고 싶다면, 내가 먼저 끌리는 사람이 되어야합니다.

그렇다면 유독 사람을 끌어당기는 대화를 하는 이들의 공통점은 무엇일까요? 이번 챕터를 통해 여러분도 '끌리는 사람'이 되어보세요.

01

첫인상을 좌우하는
목소리 톤

꿈에 그리던 이상형과의 소개팅. 설레는 마음으로 만남의 자리에 나갔습니다.

"안녕하세요."

어라... 뭐지...? 그의 목소리, 마치 모기처럼 날카롭고 가느다란 소리가 들렸습니다. 상상했던 그 어떤 매력적인 톤과는 거리가 멀었고, 순간 표정이 어색해지며 머릿속은 새하얘졌습니다.

생각했던 것과 다른 상대방의 목소리를 듣고 당황했던 적, 한 번쯤은 있으실 겁니다. 그만큼 목소리는 한 사람의 전체적인 이미지에 굉장히 큰 영향을 미칩니다.

'매력 자본'이라는 말이 있습니다. 말 그대로 한 사람이 가지고 있는 매력적인 요소들을 뜻하는데요. 이는 단순히 외모나 겉모습을 말하는 것이 아닙니다. 외모, 말투, 태도 등 타인에게 긍정적인 인상을 주는 요소를 모두 포함한 개념이죠.

매력 자본 중 '목소리'는 생각보다 강력한 요소인데, 종종 간과되곤 합니다. 예쁜 얼굴이나 큰 키처럼 유형으로 보이는 게 아닌 무형의 소리이기 때문이죠. 하지만 생각해보면 애인과 전화통화를 할 때 들려오는 목소리만 들어도 이 사람이 기분이 좋은지, 혹은 무언가에 서운함을 느끼고 있는지 짐작할 수 있을만큼 목소리는 의사소통에 있어서 가장 기초적인 판단 기준이자 중요한 도구가 됩니다.

한 연구[*]에 따르면, 목소리의 높낮이 및 속도는 사람의 성격을 판단하는 데에도 영향을 주는 것으로 나타났습니다. 특히, 외향성

---

[*] 정태연,김대현,유영진,and 허성호. "목소리의 높이와 빠르기가 화자의 인상형성에 미치는 영향 분석 : 교양 있는 매력과 성격적 특질을 중심으로." 교양학연구 0.8 (2018): p.158

과 개방성 등에서 두드러진 결과가 나왔죠. 이렇듯 목소리는 사람의 인상을 결정하고 빠르게 각인시키는 요소 중 하나입니다.

만약 단 5초 안에 누군가의 호감과 신뢰를 얻어야 한다면, 당신의 목소리는 준비되어 있나요?
좋은 목소리는 단순히 듣기 좋은 것을 넘어, 상대방의 마음을 여는 열쇠가 될 수 있습니다.
지금부터 호감가는 목소리를 만드는 방법을 알려드리겠습니다.

사실, 이 세상에 안 좋은 목소리와 말투는 없다고 생각합니다.
지금까지 좋은 목소리를 만들어야한다고 말씀하신 것 아니신가요…?
네. 맞습니다.

하지만 그보다 더 중요한 사실이 있습니다.

바로 각자의 목소리에는 저마다의 매력과 개성이 담겨 있다는 점입니다. 다만, 우리가 지향하는 이미지—즉, '추구미'—와 현재의 목소리가 일치하지 않을 수 있습니다. 예를 들어, 본래 나의 목소리는 경쾌하고 밝은 느낌을 주지만, 내가 목표로 하는 이미지는 성숙하고 진중한 아나운서라면 어떨까요? 이럴 경우, 목표하는 이미지에 맞게 조율하는 과정이 필요합니다.

타고난 목소리를 완전히 바꿀 필요는 없습니다. 많은 사람들이 자신의 목소리에 불만을 가져 억지로 저음을 내려고 목에 무리를 주곤 합니다. 하지만 "내 목소리는 왜 이렇지…?" 하고 속상해하며 타고난 소리를 부정하는 순간, 오히려 자연스러움을 잃게 됩니다. 좋은 목소리를 만든다는 것은 본래의 소리를 버리는 것이 아니라, 지금 가진 소리를 더욱 매력적으로 가꾸는 과정입니다.

저 역시 처음 아나운서를 준비할 때, 중저음의 단단한 목소리를 갖고 싶었습니다. 뉴스를 연습할 때마다 목에 힘을 주고, 무리해서 낮은 음을 내려 애썼죠. 하지만 아무리 노력해도 좋아하는 아나운서들처럼 깊고 중후한 소리가 나지 않았습니다. 오히려 음이 막혀 답답하게 들리기도 했어요. 지금 돌이켜보면, 제 목소리를 있는 그대로 받아들이지 않았기 때문이었습니다.

굳이 음을 낮추지 않아도 자신의 목소리에 공명감을 더하는 것만으로도 따뜻하고 풍부한 소리를 만들 수 있습니다. 중요한 것은 억지로 바꾸려는 것이 아니라, 내 목소리의 강점을 살려 자연스럽게 발전시키는 것입니다. 당신의 목소리는 이미 원석과도 같습니다. 원석이 다이아몬드처럼 빛나기 위해 필요한 것은 완전한 변형이 아니라 섬세한 연마 과정입니다. 그러니 억지로 낮은 톤을 따라 하느라 목을 혹사시키지 마세요. 목소리는 자연스럽게 그리고 섬세하게 다듬었을 때, 가장 빛을 발합니다.

퍼스널보이스톤 찾기

'퍼스널 컬러' 진단 받아보신 적 있나요? 개인이 가진 신체의 색과 어울리는 색을 의미하는 퍼스널컬러는 사람의 인상에 큰 영향을 미칩니다. 어떤 색은 나를 더 생기 있어 보이게 하고, 또 어떤 색은 나를 칙칙해 보이게 하죠.

'보이스' 즉, 목소리에도 퍼스널 컬러가 있습니다. 우리는 자신의 이미지를 관리하기 위해 퍼스널컬러를 진단받는데, 사실 목소리도 마찬가지로 각자의 개성과 분위기를 결정짓는 중요한 요소가 됩니다. 저는 이를 **퍼스널 보이스톤**이라 부릅니다. 누군가는 따뜻하고 부드러운 톤이 어울리고, 또 다른 누군가에게는 또렷하고 카리스마 있는 톤이 강점이 될 수 있습니다. 퍼스널컬러를 활용해 자신에게 맞는 스타일을 찾듯이, 퍼스널 보이스톤을 이해하고 활용하면 더욱 자신감 있는 목소리를 가질 수 있습니다.

목소리 톤이 얼마나 중요한지는 배우 수지의 변화를 통해서도 알 수 있습니다. 스피치 분석 릴스에서 무려 200만 조회수를 기록한 영상이 있습니다. 바로, 2016년작 《함부로 애틋하게》 속 수지와 2023년작 《이두나!》 속 수지의 목소리 변화를 비교한 내용이었죠. 두 작품 속 캐릭터의 차이도 물론 있겠지만, 비슷한 감정선의 장면에서조차 그녀의 발성은 완전히 다릅니다. 예를 들어, 상대에게 화를 내는 장면을 보면, 《이두나!》에서는 목소리 톤이 이전보다 약 2톤 정도 낮아졌습니다. 그 결과, 듣기에도 훨씬 편안하고 안정적인 느낌을 줍니다. 과거 연기력 논란이 조금 있었던 그녀가 최근 더욱 안정적인 배우로 평가받는 데는 이런 목소리 톤의 변화도 큰 역할을 했다고 생각합니다. 이처럼 목소리 톤을 조절하는 것만으로도 인상과 전달력을 크게 바꿀 수 있습니다.

다음 페이지에 총 9가지의 퍼스널 보이스톤을 만들어보았습니다. 이제 우리는 현재 나의 보이스 톤이 무엇인지, 그리고 내가 추구하는 보이스 톤이 무엇인지 파악해볼 것입니다.

1	부드럽고, 가벼운, 둥근		• 음의 세기가 강하지 않음 • 끝음절 Fade-out (늘리며 처리) • 톤이 높은 편 ex) 박보영, 김고은, 유인나
2	여리고, 약한		• 음의 세기가 약함 • 공기 > 소리 ex) 공효진, 장다아, 차주영
3	밝고, 쾌활		• 톤이 높음 • 끝음절 올려서 처리 • 속도 빠른 편 ex) 김혜윤, 김고은, 장원영
4	다정, 친절, 배려, 성숙		• 음의 세기가 강하지 않음 • 끝음절 fade-out(늘리며 처리) • 톤이 낮은 편 • '다' 보다는 '요' ex) 이청아, 송혜교
5	도시적, 객관적, 전문적		• 고저 차이 적음 • 끝음을 늘리지 않음
6	무심, 기계		• 감정이 느껴지지 않음 • 포즈, 끊어 읽기 불분명 • 높낮이 변화 적음 ex) 드라마 '신데렐라 언니' 문근영
7	책임감, 어둡, 신중, 확고		• 끝음을 내림 • 톤이 낮음 (저음) ex) 서예지, 이병헌
8	톡쏘는, 날카로운		• 공기 < 소리 • 공명감 없음 ex) 환연 3 공상정 화낼 때
9	열정, 강인		• 단전에서부터 끌어올린 단단한 소리 ex) 드라마 '피라미드 게임' 김지연

Q. 나의 퍼스널보이스톤은?

1. 녹음 어플을 실행한다.
2. 온몸의 힘을 빼고, 천천히 심호흡하며 호흡을 안정시킨다.
3. 숨이 고르게 정리되었을 때, '냐' 혹은 '아' 소리를 자연스럽게 내뱉는다.
4. 이때 나온 목소리의 높낮이를 기억한 후, 아래 문장을 읽어본다.

"안녕하세요, 저는 ○○○입니다."

더 효과적인 방법은 녹음한 목소리를 가족이나 친구에게 들려주는 것입니다. 내가 인식하는 퍼스널 보이스톤과, 타인이 듣는 목소리톤이 어떻게 다른지 비교해보는 것도 큰 도움이 됩니다.

녹음본 속 나의 목소리는 부드럽고 둥근 느낌인가요?(1번) 아니면 무심하고 기계 같은 느낌인가요?(6번) 듣는 것만으로 파악하기 힘들 때는 색깔을 보고, 나와 가장 어울리는 색을 골라보세요.

자 그렇다면, 이제는 추구미를 찾아볼게요. 내가 추구하는 이미지(혹은 색깔)은 1~9번 중 어디에 해당하나요?

내가 본래 가진 목소리와 추구하는 이미지(추구미)가 다른가요?

예를 들어, 본래 나는 3번-밝고 쾌활한 (주황 & 노랑 계열) 목소리를 갖고 있지만, 목표하는 이미지가 4번-다정하고 친절한 성숙한 톤이라면? 이미 답을 알고 있죠. 조율해야 합니다. 이때, 퍼스널보이스 톤별 특징을 참고하여 원하는 톤에 맞는 요소를 적용해볼 수 있습니다.

3번(밝음, 쾌활)의 특징은 톤이 높고, 속도가 빠른 편이며 단어의 끝부분이 올라가며 강조된다는 것입니다.

반면 4번(다정, 친절, 배려, 성숙)의 특징은 톤이 낮은 편이고, 음의 세기가 강하지 않으며 끝음절이 강조되지 않다는 것이죠.

3번에서 4번이 되고 싶다면, 말의 속도를 조금 느리게 하고, '~습니다!'보다는 '~해요.'의 말투를 사용해 문장 끝이 너무 짧게 끊어지지 않도록 신경써보세요. 그리고 목소리의 공기 비중을 늘려 높은 톤을 보완할 수도 있겠습니다.

이때 주의할 점! 4번의 특징인 '톤이 낮은 편'에 꽂혀서 목소리를 과하게 깔지는 않기로 해요. 자칫 잘못하면 목이 상할 수 있어요. 타고난 톤보다는 어투나 말의 세기 등을 조절해보세요.

다음은 톤을 과하게 바꾸지 않는 선에서 내 목소리의 최상위 버전을 만드는 방법을 공유해드릴게요.

발성 연습 루틴

아나운서를 준비하기 전, 제 목소리는 비음이 강하고, 아성(兒聲)(어린아이 같은 말투)이 두드러졌습니다. 하지만 단 6개월.
매일 꾸준히 연습한 결과, 목소리가 확연히 달라졌습니다.

발성 연습은 근력 운동과 같습니다. 헬스장에서 매일 운동을 해도 즉각적인 변화는 잘 보이지 않죠. 그래서 지루하게 느껴질 수도 있습니다. 하지만 어느 순간, 몸이 단단해지고 근력이 붙어 있는 것을 발견하게 됩니다. 목소리도 마찬가지입니다. 당장은 변화가 느껴지지 않을 수 있지만, 습관처럼 반복하다 보면 목소리의 힘이 달라지고 발성이 안정됩니다. 제가 실제로 매일 연습한 발성 연습 방법을 소개합니다.

1. 허밍하기

1. 입술을 다물고 '음~~' 3초

2. '음~' 소리를 끊지 않고, 입을 서서히 벌려 '아~~' 소리 내기 **5초**

* 허밍 연습은 샤워할 때마다 해보는 것을 추천해요. 화장실은 공간의 특성상 애초에 소리가 울리기 때문에, 왠지 자신감도 올라간답니다? 이것만해도 목소리가 트이는 느낌이 들 거예요.

2. [발음연습표] 스타카토 연습

드림메이트 발성 연습 원고

손으로 명치 아래 배꼽 위를 누르면서, 한 글자씩 스타카토하기

ex. 가! 갸! 거! 겨!

하나의 글자가 하나의 공이라고 생각하고, 스타카토로 내뱉을 때 이 공을 멀리 내던진다는 생각을 하며 연습해보세요. '명치 아래 & 배꼽 위'를 누르는 이유는 배로 들어온 숨을 내보내는 연습을 하기 위함이에요. 손을 활용해 의식적으로 복식호흡을 활용하는 거죠.

3. 뉴스 원고 혹은 책 읽기

스타카토가 어느 정도 익숙해졌다면, 이제 더 긴 글을 읽어볼 거예요.

1. 일어서서 상체를 반으로 접은 다음, 리딩할 원고를 바닥에 두고 읽기
2. 이때, 양손은 옆구리 뒤쪽 부분에 대고 들숨을 쉴 때 옆구리가 부푸는지 확인 **(옆구리가 부풀어야 복식호흡을 하고 있다는 거예요)**
3. 글자를 읽을 때, 배 앞쪽 부분은 숨이 빠져나가면서 납작해지고 옆구리는 더 옆으로 팽창시킨다는 느낌으로 힘줘서 배 힘으로 리딩하기!

발표를 하고나면 목이 아팠던 적, 있으셨나요?
혹은 카페나 식당에서 친구와 수다를 떨고 나서 목소리가 갈라

진 경험은 없으신가요?

이 모든 고민을 위의 발성 연습을 통해 해결할 수 있습니다.

작고 힘없는 목소리로 자존감 낮아진 적이 한 번이라도 있는 사람이라면 이 방법을 매일의 루틴으로 가져가길 추천드려요. 처음에 감을 잡기 어렵더라도 차근차근 연습해봅시다. 최소 3개월, 꾸준히 연습한다면 일상에서도 변화가 보일 거예요.

하루에 10분만 투자해보세요. 분명 달라질 거예요!

02

귀에 꽂히는 발음 만들기,
사소한 차이 큰 변화

많은 분들의 스피치 고민을 들어보면, 좋은 목소리를 만들고 싶다고 하는 분들이 90% 이상입니다. 하지만 목소리는 바꾸기 위해 최소 3개월, 길게는 1년 이상의 꾸준한 노력이 필요하죠. 반면, 발음은 일상생활에서 조금만 신경써도 큰 차이를 만들어냅니다.

좋은 발음을 구사하는 것은 호감 가는 사람의 중요한 조건 중 하나입니다. 발음이 정확하면 말의 의미가 명확하게 전달돼요. 같은 내용을 말하더라도 발음이 부정확하면 듣는 사람이 이해하는 데 불편함을 느낄 수 있습니다. 또한, 정확한 발음은 말하는 사람의 자신감을 반영하기도 합니다. 또렷한 발음으로 이야기하면 상대방은 그 사람이 자신의 말에 확신을 가지고 있다고 느낍니다. 이는 자연스레 신뢰감을 형성하는 중요한 요소가 되겠죠?

어눌하거나 흐릿한 발음은 무성의한 태도로까지 비춰질 수 있으니 우리는 정확한 발음을 만들기 위해 노력해야 합니다.

이번 장에서는 사소한 차이로 큰 변화를 만들어낼 수 있는 발음 연습 방법을 공유해드리겠습니다.

1. 모음발음

'발음에 신경써서 말해보세요.'라고 하면 대부분의 사람들이 입을 크게 벌려서 이야기하려고 합니다. 어렸을 때부터 주입식 교육으로 배웠던 방법이어서 그런지, 다들 열심히 입을 벌립니다. 맞습니다.

발음을 잘 하려면 입을 크게 벌려야합니다. 이유가 있어요. 좋은 발음을 결정짓는 중요한 요소인 모음 발음을 제대로 하기 위해서입니다. 모음 발음을 정확하게 하지 않으면 웅얼웅얼 말하는 느낌이 날 수 있습니다. 자신감이 없어보이고, 전달력도 안 좋아져요.

〈아에이오우〉로 입을 푸는 가수나 배우, 아나운서들 많이 보셨을 겁니다. 이 〈아.에.이.오.우〉가 한글의 대표적인 모음이에요.

'ㅏ': 손가락 2개 반 정도가 들어갈 정도로 턱을 내려 입을 벌려주세요.

'ㅔ': 손가락 1개 반 정도가 들어갈 정도로 입을 벌리고, '아'보다 입이 옆으로 조금 찢어집니다.

'ㅣ': 윗니와 아랫니가 붙어 손가락은 들어가지 않아요. 입이 더 옆으로 찢어집니다.

'ㅗ': 윗입술과 아랫입술을 빠르게 가운데로 모아 동그라미를 만들어주세요.

'ㅜ': 입맞춤을 묘사할 때처럼 입술을 앞으로 쭉 내밀어주세요.

따라해보셨나요?

입을 크게 벌린다는 것은 단순히 입술을 찢는 것이 아닙니다. 앞에서 설명해드린 것처럼 턱과 입을 부지런히 움직여야합니다. 위 어금니와 아래 어금니 사이를 안 좋게 만든다고 생각해보세요. 자연스럽게 입 안의 공간이 생기고 정확한 발음이 날 거예요. 입을 크게 벌리라고 해서 입꼬리에 힘을 주고 좌우로만 입을 찢을 시에 오히려 납작한 소리가 날 수 있으니 주의해주세요.

ex. '안녕하세요'로 연습해보기

아여아에오 ⇒ 안녕하세요

⇒ 원고를 읽기 전 각 글자의 모음만 떼어서 연습하면 입을 풀기에 아주 좋습니다.

2. 받침발음

야무지고 똑부러지는 인상을 주고 싶다면, '받침 발음'에 주목해야 합니다. 귀에 쏙쏙 박히는 딕션을 구사하는 데 있어 가장 중요한 요소가 바로 이 받침 발음입니다. 이를 유독 잘 살리는 대표적인 배우가 있는데요. 바로 배우 김지원입니다. 특히 드라마《눈물의 여왕》속 일부 장면을 보면, 그녀는 받침을 꼭꼭 씹어 발음하며 대사를 전달합니다. 이러한 발음 방식 덕분에 단어 하나하나가 명확하게 들리고, 강단 있는 느낌을 줍니다. 받침 발음만 제대로 다듬어도 딕션이 선명해지고, 말의 무게감이 달라질 수 있어요.

예문 지금 내가 **갑질**을 하고 **있다는** 얘기인가요?!

드라마 '눈물의 여왕' 중 김지원 대사

갑질

ㅂ : 입술소리 (ㅁ,ㅂ,ㅃ,ㅍ) - 윗 입술과 아래 입술이 붙었다가 떨어져야 해요.

ㄹ : ㄹ이 받침에 올 때는 혀가 구부러진 상태가 유지되어야합니다. ('라면'처럼 초성에 올 때는 구부러졌다가 튕기면서 소리가 나요)

있다 [읻따]

ㄷ : 혀의 끝부분이 윗니 뒤에 딱 붙었다가 떨어져야 합니다.

예문 우리 **벚꽃** 보러 갈까?

벚꽃[벋꼳]

두 음절 모두에서 정확히 'ㄷ' 소리가 나야 합니다.
'버꼳'이라고 발음하는 경우가 상당히 많습니다. 사소한 차이지만 '버꼳'이라고 하는 것보다 '벋꼳'이라고 할 때 더 똑부러진 느낌이 듭니다.

받침 발음을 잘하려면 각 자음별 혀의 위치나 소리가 나는 위치 등을 잘 파악해야 합니다.

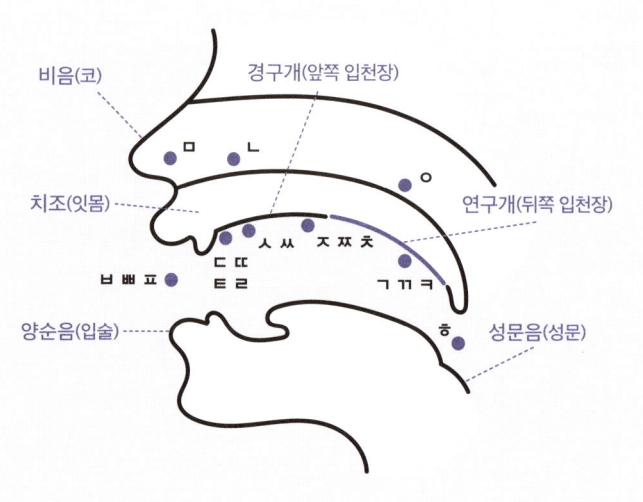

3. 바람 소리

정확한 딕션을 가진 배우들에게는 또 하나의 공통점이 있습니다. 바로 '바람 소리(호흡)'를 적절히 활용한다는 점입니다. 개인적으로 배우 서현진의 딕션을 좋아하는데요. 호흡이 강하지만, 이를 완벽하게 컨트롤해 시원한 소리를 만들어냅니다. 최근에는 배우 차주영의 딕션에서도 비슷한 느낌을 받습니다. 그녀의 ㅅ, ㅊ, ㅈ 발음을 잘 들어보면 '쓰~'하는 바람 소리가 확실히 들립니다.

이는 가수 박진영 프로듀서가 강조한 "공기 반, 소리 반" 원칙과도 일맥상통합니다. 이 원칙은 노래뿐만 아니라, 말할 때도 적용되는 핵심 기술입니다.

소리와 호흡의 비율에 따른 목소리 특징
- **소리 10 : 공기 90** → 연약하고 힘없는 목소리
- **소리 50 : 공기 50** → 이상적인, 안정감 있는 목소리
- **소리 90 : 공기 10** → 딱딱하고 답답한 목소리

이처럼 소리와 공기의 균형을 조절하는 것만으로도 목소리의 느낌이 완전히 달라집니다. 우리는 우선 〈ㅎ / ㅋ, ㅊ, ㅌ〉 같은 자음에서라도 바람을 확실히 내는 것부터 시작해볼 수 있어요.

연습 방법: 아이스아메리카노 한 잔!

이 문장을 말할 때, '스', '카'와 '한'에서 바람을 의식적으로 내보세요.

🔊 **추가 TIP!**　한국인들이 어려워하는 자음 발음 3가지

ㅅ발음

　ㅅ발음, 어려워하시는 분들 정말 많은데요. ㅅ발음을 잘 못하면 정말 아이 같아보이고, 혀가 짧다는 인상을 줄 수 있어서 꼭 해결하는 것을 권고드립니다.

　ㅅ은 새는 바람이 맞습니다. 바람이 새어 나가야합니다. 그렇지만 잘 새야 해요.

　ㅅ을 잘못 발음하는 경우는

1. 혀가 치아 밖으로 나온다.
2. 치간 사이가 너무 넓다.

　이 2가지가 대표적입니다. 혀가 치아 밖으로 나오면 흔히 'th' 발음이라고 일컫는 발음이 됩니다. 치간 사이가 너무 넓다는 것은 'ㅅ'을 발음할 때는 윗니와 아랫니가 잠깐 붙어야하는데, 이를 하지 않았을 경우 바람이 과도하게 나가게 되어 소리가 잘못 샌다고 느껴질 수 있습니다.

✓ **솔루션**　쓰~ : 뱀소리 내기

　윗니와 아랫니를 딱 붙인 다음, 좁은 틈 사이로 강한 바람을 내

보세요. 쓰~ 하는 소리가 날 것입니다. 뱀이 움직이는 소리를 따라할 때, 내는 소리와 같죠. 바람을 정확히 내보내는 연습을 한 후에 ㅅ으로 시작하는 단어를 말해볼 겁니다.

ex. (쓰~) 신제품!

1. '쓰~' 3초 후, '신제품'
2. '쓰~' 1초 후, '신제품'
3. '신제품'

ㅈ 발음

ㅈ은 경구개음입니다. 경구개란 입천장의 앞~중간쪽 딱딱한 부분을 말하며, ㅈ발음을 할 때, 혀가 이 부분에 닿았다가 떨어지면서 소리가 나야합니다. ㅈ을 영어의 'Z'처럼 발음하는 경우가 많습니다. 혀가 입천장에 닿지 않고 살짝 떨어진 채로 발음하기 때문입니다. 아래 예문을 읽어볼텐데, ㅈ이 나올 때마다 혀가 입천장에 붙었다가 떨어지는지 확인해보세요!

ex. 저는 정발산역에 진짜 자주 갑니다.

ㄹ발음

ㄹ은 초성에 올 때와 종성에 올 때 각각 발음하는 방법이 조금 다릅니다.

1. '라면' 처럼 ㄹ이 단어의 앞부분, 즉 초성에 올 때는 입천장을 긁어주면서 혀를 튕기며 소리를 냅니다. 튕겨지는 위치는 ㅈ발음을 할 때 혀가 닿았던 그 부분과 비슷합니다. 입천장의 너무 앞쪽에서 튕겨지면 ㄹ이 ㄴ처럼 발음되니 주의하세요. '라면'과 '나면'을 연달아 말해보면 그 차이를 느끼실 수 있을 거예요.

2. '달걀'처럼 ㄹ이 받침, 즉 종성에 올 때는 혀가 말려있는 채로 발음이 끝납니다. 혀를 'ㄴ'모양을 만들어 혀의 뾰족한 부분이 입천장에 닿는다고 생각해보세요. 단, 이때 너무 과도하게 말려 목젖 가까이 혀가 위치하게 되면 영어의 'R'처럼 들릴 수 있으므로 주의해야 합니다.

03

나는 주인공이 아니다

좋은 목소리와 정확한 발음을 탑재했다면 이제 본격적으로 말투, 대화법에 대해 알아볼 차례입니다.

모두와 대화를 잘하고 싶은 마음에, 주변에 대화를 잘 하는 사람들을 관찰한 적이 있습니다. 그들에게는, 상대방의 이야기를 더 듣고 싶어한다는 공통점이 있었어요. 어떤 이야기를 꺼내도 자신의 이야기로 귀결시키기보단 상대의 생각과 경험을 더 궁금해하죠.

아래 대화 내용을 보고 A,B 두 사람 중 누구와 더 대화를 나누고 싶은지 생각해보세요.

(1)

나 : 잘 지냈어?

A : 나 요즘 정말 힘들어. 회사 일이 너무 많고, 밤늦게까지 일하고 있어.

나 : 힘들겠다. 무슨 일인데?

A : 아, 그래도 일이 많아서 그런지 성과급은 좀 잘 나왔더라.

나 : 오, 얼마나 나왔는데?

A : 아니 근데 팀장이 성과급 가지고 또 뭐라하는거야.. 진짜 스트레스받아.

(2)

나 : 잘 지냈어?

B : 응, 잘 지냈어. 너는 요즘 어때? 저번에 한다고 했던 프로젝트는 진행하고 있는거야?

나 : 응. 저번달부터 시작했어. 그래서 요즘 스트레스가 많다.

B : 왜? 무슨 일 있어?

나 : 팀원 중에 한 명이 마감기한을 자꾸 잊어서 일이 딜레이됐어.

B : 진짜? 나도 저번에 비슷한 일 있었어.

어떤가요? 저는 B와 더 대화를 나누고 싶습니다. 동의하시나요?

그 이유는 A는 상대방의 물음과 관계없이 자신의 이야기만 늘어놓기 때문입니다. 〈A와 나〉의 예시에는 대화가 없습니다. 그저 일방적인 전달만이 있을 뿐이죠. 반면 B는 자연스럽게 상대방의 이야기를 끌어내며 대화를 이어갑니다.

이처럼 대화를 잘하기 위해서는 '내가 주인공이다'라는 마인드를 가장 먼저 버려야합니다. 대화의 주도권을 뺏기지 않아야한다는 강박에 빠지면 자연스럽게 상대방의 의견이나 감정은 뒤로 밀리게 되고, 대화는 일방적인 흐름으로 이어집니다. 이것이 반복되면 상대방은 당신과의 대화에 적극적으로 참여하지 않게 될 수도 있습니다.

대화의 핵심은 상대방이 편안하게 자신을 표현할 수 있는 공간을 만들어주는 것에 있습니다. 공간을 만드는 것은 비움으로부터 나옵니다. 혹시 말의 공백이 두려워 나의 이야기를 쏟아낸 경험, 있으신가요?

공백의 어색함에 집중하기보다는 상대방에게 말을 할 수 있는 여유를 주는 것이라고 생각해보세요. 내가 대화의 주도권을 잡고 계속해서 내 이야기를 해야 한다는 부담감을 느끼는 것보다 상대방에게 질문을 던지고, 그들이 말할 수 있도록 유도하는 것이 더 나은 대화의 기술입니다.

그렇다면 좋은 질문을 하는 방법은 뭐가 있을까요?

04

질문하기
: 열린 질문의 힘!

대화를 잘하려면 질문을 잘해야 한다는 말, 한 번쯤은 들어보셨을 겁니다. 그렇다면 질문을 잘해야 하는 이유는 무엇일까요? 어떤 질문을 하느냐에 따라 상대방의 답변이 완전히 달라질 수 있기 때문입니다. 단순히 '네' 혹은 '아니요'로 끝나는 질문을 하면 상대방이 깊이 생각할 기회를 가지지 못하고, 대화가 쉽게 단절될 수 있습니다. 반면, 열린 질문을 사용하면 상대방은 더 풍부한 정보를 제공하게 되고, 이를 통해 대화가 자연스럽게 이어지며 더욱 깊은 소통이 가능합니다. 즉, 좋은 질문은 단순한 정보 교환을 넘어 상대방과의 관계를 더욱 단단하게 만들어주죠.

좋은 인터뷰어가 되고 싶다는 오랜 꿈이 있습니다. 대학 시절, 무작정 평창 동계올림픽 리포터에 지원해서 100여명의 시민들과 인터뷰를 해보기도 했었죠. '인터뷰를 잘하기 위한 자질이 무엇일까?'에 대해 끊임없이 고민해왔습니다.

스포츠 아나운서로서 처음 인터뷰를 진행할 때, 당찬 목소리로 "오늘 경기, 자신 있으신가요?"라고 질문을 던진 적이 있습니다.

돌아오는 답변은

"네."

딱 1마디였습니다.
생각보다 너무 짧은 답변에 그 선수가 원망스러웠다가, 빠르게 다음 질문으로 넘어가야했기에 당황했던 기억이 떠오릅니다.

퇴근 후, 집에 와서 방송을 복기하다가 매우 부끄러워졌습니다.
'인터뷰를 한다는 사람이 상대방의 답변을 기대하고, 그 기대에 못 미치는 답변을 했다고 상대방에게 원망을 느끼다니..!'

좋은 답변을 이끌어내기 위해서는 내가 먼저 질문을 잘 해야합니다. 물어보지 않아도 알아서 대답해줄 거라는 기대를 갖고 대충 질문했다가는 짧은 답변이 돌아와 당황할 것입니다.

좋은 질문의 첫 번째 요소는 열린 질문입니다.

닫힌 질문 예시

1. "오늘 경기 자신 있으신가요?" **(네/아니요로 답할 가능성이 큼)**
2. "이번 시즌 목표는 우승이죠?" **(예상 가능한 답변: "네, 그렇습니다.")**
3. "지금 컨디션은 좋으신가요?" **(단순 긍정 혹은 부정의 답변 가능성 높음)**

열린 질문 예시

1. "오늘 경기, 어떻게 보시나요?"
2. "이번 시즌을 준비하면서 가장 신경 쓴 부분은 무엇인가요?"
3. "피로골절 때문에 출전시간이 적은 상황인데, 현재 정확한 몸 상태는 어떤가요?"

이러한 질문들은 선수들이 자신의 생각과 경험을 보다 풍부하게 설명할 수 있도록 유도하며, 인터뷰를 더욱 흥미롭게 만듭니다. 방송을 보는 시청자들도 답변 내용이 풍부해지니 더 즐겁게 시청할 수 있겠죠?

그렇다면 일상 생활에서는 어떻게 적용할 수 있을까요? 친구, 가족, 동료와의 일상 대화에서도 올바른 질문을 하면 대화가 훨씬 자연스럽고 깊이 있게 이어집니다.

닫힌 질문 예시

1. "주말 잘 보내셨나요??" (대답: "네/아니오")
2. "일은 재미있어?" (대답: "음… 그냥 그래.")

열린 질문 예시

1. "주말 어떻게 보내셨나요?"
2. "요즘 어떤 일 해?"

이렇게 '예, 아니오'로 답변이 나올 수 밖에 없는 닫힌 질문보다 열린 질문을 활용해보세요. '잘 보냈나요?'라는 질문보다는 '어떻게 보냈나요?'라고 물어봤을 때 더 다양한 답변이 나오기 마련입니다. 상대방이 좀 더 구체적으로 이야기할 수 있도록 도와주세요.

다음은 좋은 질문을 만드는 두 번째 요소입니다.

대화의 주제에 초점을 맞춘 질문

ex.

득점을 하고 중계석을 향해 특별한 세리머니를 했어요.
어떤 동작이었죠?

대화의 상대에 초점을 맞춘 질문

ex.

득점을 하고 중계석을 향해 특별한 세리머니를 했어요.
○○ 선수에게 특별한 의미가 담겨있었던 건가요?

위의 문장은 '세리머니 동작' 자체에 초점을 맞춘 질문이고, 아래 문장은 '세리머니를 한 선수'에게 초점을 맞춘 질문입니다. 둘 중 아래의 질문이 더 다채로운 답변을 끌어내기 좋겠죠?
일상 생활 대화에서도 마찬가지입니다.

대화의 주제에 초점을 맞춘 질문

ex.

A: 커피 좋아하세요?
B: 네! 저 매일 1-2잔은 마셔요.
A: 어떤 커피 좋아하세요? 고소한 거, 산미 있는 거?

대화의 상대에 초점을 맞춘 질문

ex.
A: 커피 좋아하세요?
B: 네! 저 매일 1-2잔은 마셔요.
A: 아 그렇구나! 커피를 왜 좋아하세요?

'커피'에 초점을 맞춘 대화를 하면 커피에 대해 자세히 알 수 있을 거예요. 공통의 관심사를 이미 찾은 후에 그 관심사에 대해 이야기를 나누는 상황이면, '관심사 자체'에 초점을 맞추는 게 더 좋은 방법일 수 있어요. 하지만 공통의 관심사에 대해서 알아가는 상황이 아닌, 처음 만난 자리 등 상대방에 대해 알아가야할 때는 커피 자체가 아닌 커피를 좋아하는 상대방에게 초점을 맞추면 그 사람에 대해 더 깊이 알아갈 수 있어요. 상황에 따라 초점을 바꿔가며 질문을 선택해보세요!

이에 더해 질문을 할 때 활용해볼 수 있는 스피치 스킬이 있습니다.

질문할 때 끝음을 내리면 한층 차분해보입니다.

보통 우리는 무의식적으로 물음표가 있으면 끝음을 올리려고 합니다.

예시

끝음을 올리는 경우: "좋아하는 노래 가사 중 한 구절만 뽑는다면↗?"
끝음을 내리는 경우: "좋아하는 노래 가사 중 한 구절만 뽑는다면↘."

같은 질문이라도 끝음을 내리면 차분하고 고급스러운 분위기를 형성할 수 있습니다. 이는 특히 여러 개의 질문을 반복적으로 할 때 효과적입니다. "이번 제품의 주요 고객층은 누구인가요? 타깃 고객층이 우리 제품을 선택할 이유는 뭐죠?" 라는 문장을 말한다고 생각했을 때, 물음표 2개를 다 올려서 처리해도 되지만, 반복되는 느낌에 다소 유치해질 수 있습니다. '반복'은 전달력에 매우 큰 방해가 됩니다. 분명 다른 질문을 했는데, 같은 내용같은 기시감이 들어 누군가는 한 번 더 되물을 수도 있습니다. 그럴 땐, 물음표 중 1개는 내려보세요. 꼭 음을 올리지 않더라도 질문하는 느낌이 납니다.

ex.

이번 제품, 주요 타깃 고객층은 누구인가요?↗
타깃 고객층이 우리 제품을 선택할 이유는 뭐죠?↗

ex.
이번 제품, 주요 타깃 고객층은 누구인가요?↘
타깃 고객층이 우리 제품을 선택할 이유는 뭐죠?↗

    질문은 누군가와의 관계 시작을 원활하게 도와줄 수 있고, 상대방과의 관계를 더욱 깊이 있게 만들 수 있습니다. 일상에서든, 직업적으로든, 좋은 질문을 하는 습관을 길러보세요.

05 계속 말을 걸고 싶게 만드는 반응/리액션

리액션을 크게 하는 사람과의 대화 경험을 떠올려봅시다. 내가 무슨 말을 하든 받아줄 것 같은 안도감이 느껴지지 않나요? 왠지 더 말을 하고 싶고, 계속해서 대화를 하고 싶어집니다. 이렇듯 리액션, 반응은 말하는 사람의 스트레스를 줄여주는 가장 좋은 방법입니다.

함께 대화하고 싶은 사람이 되기 위해서는 적절한 리액션을 하는 방법을 알아야 합니다.

4명의 카레이싱 선수들과 함께하는 인터뷰 프로그램을 진행한

적이 있습니다. 카레이싱은 태어나 처음 접해보는 종목이었고, 선수들과도 처음 만나는 자리였기에 매우 긴장한 상태였습니다.

그날 촬영한 프로그램은 단순한 정보 전달을 넘어, 선수들의 개성과 매력을 자연스럽게 끌어내는 예능 형식이었습니다. 따라서 분위기를 최대한 편안하게 만들어주는 것이 중요했죠. 걱정했던 것과 달리 방송은 매우 성공적으로 마무리됐습니다.

그날 방송을 성공적으로 이끌 수 있었던 가장 큰 이유는 바로 한 선수의 리액션과 반응이었습니다.

간단한 경기 리뷰 이후, 선수들끼리 서로 MBTI를 맞춰보는 시간이 있었습니다. 그런데 선수 대부분이 MBTI의 각 알파벳이 의미하는 바를 잘 몰라서 제가 설명을 해야했습니다. E와 I는 사람을 만났을 때 에너지를 얻는가 잃는가 / S와 N은 현실적인가 상상력이 풍부한가…… 이런 식으로 설명을 이어나갔습니다.

'이걸 하나하나 다 설명해주는 게 맞나..? 말이 너무 길어지는 것 아닌가.. 이해는 하고 있는건가..' 라는 불안한 생각이 고개를 불쑥 내밀던 그 순간! 한 선수가 머리를 끄덕이며 '아~' 라고 읊조렸습니다.

긴 단어도 아니었고, 큰 리액션도 아니었습니다. 고작 한 단어, '아~'의 힘은 대단했습니다. 말이 길어져서 이해를 못하는 것이 아닌가라는 불안함은 넣어둔채 자신감을 갖고 더 이해하기 쉽게 예시를 들며, 선수들에게 재미있게 설명을 해주었고 모두가 자신의 MBTI 이야기를 자연스럽게 풀어낼 수 있는 분위기를 만들 수 있었습니다.

시청자는 "지금까지 본 에피소드 중 가장 재미있었다."라는 댓글을 남겨주기도 했습니다. 즐겁게 촬영한 결과물은 보는 사람에게도 고스란히 전달되기 마련이죠.

촬영을 이어가는 동안, 제 이야기에 경청해주고 눈을 맞춰주는 순간이 느껴지면 그 자체로 큰 힘이 되었습니다. 만약 제가 이야기를 할 때, 상대방이 특별한 반응 없이 듣기만 했다면 '내 말을 잘 이해했나?'하는 불안감에 자신있게 촬영을 이어가지 못했을 겁니다.

저의 진행 능력과 말하기 능력도 중요했지만 그에 대한 리액션, 그리고 그 리액션이 만들어낸 환경, 선수들이 부담 없이 자신의 이야기를 풀어낼 수 있도록 만든 환경이야말로 진정한 성공 요인이었습니다.

이 경험은 상대방이 대화에 적극적으로 참여하도록 만드는 리액션이 얼마나 중요한지를 다시금 깨닫게 해주었습니다. 경청하고, 눈을 맞추고, 작은 리액션으로 공감과 흥미를 표현하는 것만으로도 상대방은 "내 이야기가 의미있구나"라고 느끼게 됩니다. 그리고 이 작은 반응이 쌓여 대화의 흐름을 풍부하게 만들어줍니다. 여러분은 상대방이 계속 말을 하고 싶게 만드는 리액션을 하고 계신가요?

리액션의 3요소

1. 경청

반응을 하기 위해서는 우선 들어야합니다. 눈을 맞추고 상대방을 향해 몸을 기울이세요. 소통을 잘한다는 것은 내가 말을 잘하는 게 아님을 언제나 명심하세요. 상대방의 이야기를 듣고 이해하는 것이 먼저입니다.

대화를 할 때, 말하는 비중은 30, 듣는 비중은 70으로 두라는 말도 있을 정도로 잘 듣는 것은 매우 중요합니다. 하지만 우리는 간혹 대화 중에 내가 할 말을 생각하다, 상대방의 이야기를 놓치는 실수를 하곤 합니다. '경청'은 단순히 상대방의 말을 듣는 것이 아닙니다. 상대방의 말에 언어적, 비언어적으로 반응하며 그를 이해하는 것을 통칭합니다. 따라서, 상대방은 말을 하면서도 본능적으로 나를 보고, 내 반응을 기다리고 있을 것입니다. 그런데 그 사람이 이야기하는 동안 집중하지 않고 내가 할 말만 생각하고 있다면, 그 사람은 내가 그의 이야기를 듣고 있지 않다는 것을 직감적으로 느낄 수 있습니다. 대화는 두 사람 간의 상호작용이므로, 상대방이 이야기를 하고 있을 때 다음에 내가 할 말을 생각하는 대신 상대방이 말하는 내용에 자연스럽게 반응하는 것이 중요합니다.

2. 동의/공감 리액션

경청을 잘 하겠다고 해서 단순히 눈을 빤히 쳐다보고 듣기만 하면, 오히려 부담스럽습니다. 경청을 할 때도 어느 정도의 액션이 필요합니다. 상대방의 말을 끊지 않는 선에서 '그렇구나' 혹은 '오~'와 같은 공감의 언어를 활용해보세요. 상대의 말에 동의한다는 느낌의 고개 끄덕임도 매우 효과적입니다. 목소리를 내지 않는다 뿐이지 적극적으로 대화에 참여해야한다는 것을 명심하세요.

"나는 지금 너의 말을 듣고 있어, 다른 생각을 하고 있지 않아!"라는 걸 보여주기 위한 '응응, 응 그래서?' 등의 짧은 맞장구도 좋습니다.

이는 대면의 대화뿐만 아니라 카톡 등 비대면 상황에서도 똑같이 적용 가능합니다. 가벼운 맞장구와 리액션은 상대가 자신이 잘 듣고 있다는 확신을 갖게 합니다.

3. 상대의 말을 요약하며 되돌려주기

가벼운 맞장구보다 더 적극적인 리액션은 상대의 말을 요약하는 것입니다.

상대는 자신이 말을 제대로 전달했는지 확인할 수 있고, 당신이 정말 이 대화에 관심을 갖고 있다는 인상을 받게 됩니다. 예를 들어, "MBTI 중 E는 사람을 만났을 때 에너지를 얻는 사람들이야!"라고 상대방이 설명을 해줬다면 "아~! 외향적인 사람이네?" 라고 하는 것이죠. 상대가 설명하는 문장에서 유의어를 찾아 요약해보세요.

06

모르는 척 하기

어떤 특정 주제에 대해 많이 알고 있는 사람일수록 더 대화를 잘 할 것이라고 생각하나요?

하지만 호감 가는 대화를 하는 사람들은 때때로 '모르는 척'하는 기술을 활용합니다. 대화의 주인공은 내가 아닌 것과 일맥상통하는 이야기입니다.

내가 어떤 이야기를 하려고 했는데, 상대방이 "저도 그거 알아요!"라고 먼저 나서면 나는 더이상 말할 의지를 잃어버리게 됩니다. 반면, 상대방이 적절히 호기심을 보이면 더 자세히 설명하고 싶어지고, 대화할 의지가 샘솟게 되죠. 누군가에게 말할 기회를 준다는 것이 대화가 이어지게 하는 중요한 열쇠라는 것을 잊지 마세요.

따라서, 상대방이 말하려는 내용이 혹여 내가 알고 있는 내용일지라도 일단은 들어봅시다.

예부터 겸손은 중요한 덕목 중 하나로 소개되곤 합니다. 남을 존중하고 자기를 내세우지 않는 태도로 정의되죠. 자신의 지식을 자랑하기보다는 상대의 이야기에 귀 기울이는 것, 겸손의 미덕을 대화에서 사용해보세요. 상대방이 내가 알고 있는 것과 다른 이야기를 할 수도 있고, 완전히 다른 시각을 전해받을 수도 있습니다. '모르는 척하기'는 단순히 아는 것을 숨기고 거짓말을 하는 것이 아닙니다. 상대가 더 많이 이야기하도록 유도하고, 대화를 풍성하게 만드는 전략입니다.

모르는 척하는 기술 3가지

1. 굳이 아는 척하지 않기

대화 중 상대가 설명하는 내용을 이미 알고 있더라도 "아, 저도 알아요!"라고 끊지 말고 끝까지 들어주는 것이 중요합니다. 상대가 말할 기회를 충분히 갖도록 하는 것이 핵심입니다.

2. 질문 던지기

상대방이 말한 내용을 이미 알더라도, 내가 모르는 포인트가 있을 것입니다. 이때, 적절한 질문을 던지면 상대가 더 말할 기회를 갖게 되고, 나도 새로운 정보를 얻게 될 수 있어요. 예를 들어, ○○○이 유행이라는 것을 이미 알고 있는데 왜 유행이 됐는지를 모른다면 이렇게 질문해볼 수 있겠죠?

예시

상대: "요즘 OOO가 유행이잖아요."
당신: "오, 맞아요! 근데 그게 왜 유행이 된 거예요?"

3. 상대의 경험과 감정을 더 끌어내기

단순한 정보에 대해서는 알더라도 상대방이 그것에 대해 어떻게 느꼈는지 우리는 알 수 없습니다.

예시

상대: "두바이초콜릿 아세요?"
당신: "네! 그거 먹어보니까 어때요?"

상대의 감정과 경험을 묻는 질문을 던지면 더욱 깊이 있는 대화가 됩니다. 때때로 한 발짝 물러서서, 겸손한 태도로 대화하는 것이 더 매력적인 소통법이 될 수 있습니다.

07

긍정의 매직

친구와 함께 여행을 떠났습니다. 바쁜 일상에서 벗어난다는 기대감에 한껏 들뜬 상태로 떠난 여행이었죠. 맛있는 음식을 먹고, 새로운 장소를 둘러보며 즐거운 시간을 보내고 싶었습니다. 그런데 여행 내내 친구는 불만을 늘어놓았습니다.

"양이 좀 적네? 이 가격이면 집에서 만들어 먹는 게 낫겠다."
"생각보다 별로인데? 사진이 더 예뻤어."
"이게 왜 유명한 거야? 난 잘 모르겠어."

분명 같은 장소에 있고, 같은 음식을 먹고 있지만, 저와 친구가 느끼는 감정은 완전히 달랐습니다. 저는 이 순간을 맘껏 즐기고 싶었지만, 친구의 부정적인 말들은 점점 제 기분까지 가라앉게 만들었죠. 같은 상황을 겪더라도 사람마다 받아들이는 방식이 다릅니다. 어떤 사람은 불만을 찾고, 어떤 사람은 장점을 발견합니다. 여행뿐만 아니라, 우리의 일상에서도 이런 차이는 크게 작용합니다.

비가 오는 날, 한 사람은 짜증을 냅니다. "아, 비 때문에 다 젖겠네. 정말 최악이야!" 하지만 또 다른 사람은 말합니다. "비 오니까 운치있다! 비 내리는 소리도 좋네."

평소 맡지 않았던 새로운 업무를 맡았을 때도 마찬가지입니다. "너무 어려워서 못하겠어요." 라고 말하는 사람이 있는가 하면, "부족하지만 도전해보겠습니다." 라고 말하는 사람도 있습니다.

이처럼 같은 상황에서도 어떤 시각을 가지고 있느냐에 따라 말하기가 달라질 수 있습니다. 여러분은 누구와 더 함께 하고 싶으신가요?

사고방식이 말에 영향을 주기도 하지만, 반대로 우리가 쓰는 말이 사고방식과 감정에 영향을 주기도 합니다. 부정적인 언어를 자주 사용하는 사람은 점점 더 부정적인 감정에 빠지게 될 수 있습니다. 반면, 긍정적인 언어를 쓰면 어려운 상황을 보다 가볍게 받아들이고, 앞으로 나아갈 수 있는 힘까지 갖게 되죠.

긍정적인 말투는 단순히 기분 좋은 말이 아닙니다. 우리의 태도를 바꾸고, 인상을 바꾸며 결국 주변 사람들과의 관계까지 개선해 줍니다. 부정적인 감정을 완전히 없앨 수는 없지만, 그 감정을 어떻게 다루고 표현하느냐에 따라 우리의 말투가 달라질 수 있습니다. 같은 상황에서도 더 좋은 시각을 선택하는 것, 그것이 바로 긍정의 매직입니다.

긍정의 언어 습관 기르기

1. 감사함 찾아보기
- "아, 음식 양이 적네." → **"부담 없이 먹기 좋네."**
- "비가 와서 짜증 나." → **"비가 와서 미세먼지가 사라졌어."**

2. 부정적인 단어를 긍정적인 표현으로 바꾸기

- "이건 너무 어려워." → **"어렵지만 배우면 할 수 있을 것 같아."**
- "이거 하면 안 돼?" → **"이거 해도 될까?"**
- "그렇게 밖에 못해?" → **"다른 방법도 한 번 시도해볼래?**

3. "안 돼." 보다 "만약에."로 시작하기

- Q. 나 이거 해보려고 하는 데 어때?
- A. "안 돼. 별로야." → **"만약에 ~~ 문제가 발생하면 어떻게 해?"**

평상시 부탁을 할 때, '~하면 안 돼?'를 습관적으로 사용하는 사람들이 있습니다. 예를 들어, '나 오늘은 밖에서 저녁 먹고 오면 안 돼?' 이렇게 말이죠. 이 표현보다는 '나 오늘은 밖에서 저녁 먹고 와도 돼?'로 바꿔서 말하는 게 더 좋습니다. 왜냐하면 '나 오늘 밖에서 저녁 먹고 오면 안 돼?'로 말하면 상대방이 가로막은 행동이 아님에도 불구하고 상대가 그 행동을 하지 못하게 해서 부탁을 하는 것 같은 느낌이 들기 때문입니다. 불필요하게 부정어로 꼬아진 문장 사용을 줄여봅시다. '안 돼' 보다는 '돼'로 바꿔서 표현해보세요.

자녀에게 어떤 일을 시켰을 때, 바라던 결과물이 안 나왔을 경우를 예시로 들어보겠습니다. 이때 무심코 '그렇게 밖에 **못해?**'라며 부정적인 언어로 상대를 의기소침하게 만들 수 있습니다. '못해?'가 아니라 '해봐.'로 바꿔보세요. → '다른 방법으로도 **해봐**' 이렇게 말하면 자녀는 다른 방법을 찾는 노력을 하게 될 것이고, 이는 자연스레 그들의 시각과 능력을 확장시킬 것입니다. '그렇게 밖에 못한다'며 상대방을 능력 미달이라는 테두리 안에 가둬버리지 마세요.

누군가에게 조언을 해줄 때도 긍정의 매직이 적용됩니다. 친구가 "나 이거 해보는 건 어떨까?"라고 조언을 구했습니다. 이때, 내가 보기에는 가능성이 없어보이는, 좋지 않은 선택인 것 같을 때 무작정 '안 돼.'라는 부정적인 언어로 시작하는 것보다 '만약에'로 말을 시작해보세요. 이때, 2가지 방향성이 있습니다.

1. '만약 ~~ 해보면 어떨까?': 내가 생각하는 더 좋은 방향성을 제시하는 말투입니다.
2. '만약에 ~~ 상황이 생기면 어떻게 해?': 내가 예상하는 부정적인 상황에 대한 우려를 표하고, 함께 해결책을 생각해보자는 말투입니다.

나의 '만약에'로 상대방은 본인이 생각하지 못했던 좋은 방법을 깨달아 방향을 틀 수도 있고, 혹은 내가 예상했던 부정적인 결과에 대한 기가 막힌 해결책을 함께 생각해낼 수도 있습니다.

당장 작은 것부터 실천해보세요. 불평 대신 감사의 언어를 사용하고, 부정적인 표현을 긍정적인 방식으로 바꿔보는 것입니다. 처음에는 어색하고 오글거릴 수도 있습니다. 하지만 이 작은 변화가 쌓이면 어느새 달라질 것입니다. 여러분이 하는 말 한 마디, 한 마디가 자기 자신과 주변 사람들에게 미치는 영향을 생각해보세요. 더 나은 관계, 더 행복한 삶을 위해 오늘부터 '긍정의 매직'을 실천해보시길 바랍니다.

chapter 3

안하는 게 더 나은 말하기

때로는 침묵이 나을 때가 있습니다.
농구 리포팅을 시작한 지 얼마 안 된 새내기 스포츠 아나운서 시절, 방송을 잘하고 싶은 마음에 호기심도 많았습니다. 그래서 현장에서 함께 하는 캐스터 선배들, 해설위원님들에게 질문을 많이 했었죠. 그 중 아직까지도 기억에 남는 인상적인 답변이 있습니다.
"선배는 중계할 때, 할 말이 떠오르지 않으면 어떻게 하세요?"
"아무말도 안 해."
이상한 말을 할 바에는 침묵이 낫다는 뜻이었습니다. 당장 말을 해야한다는 강박에 사로잡혀 아무 말이나 하다가, 정작 중요한 장면에 대한 설명을 놓쳐버릴 수도 있다고 말씀하셨습니다. 이번 챕터에서는 차라리 하지 말아야하는, 안 하는 게 더 나은 말하기에 대해 이야기해보려고 합니다.

01

함부로 추측하지 말기

입사한 지 2주. 회사에서 새롭게 들어가는 프로젝트의 회의에 들어가는 장면을 상상해봅시다.

아는 것도 별로 없고, 내가 말을 해도 될까..? 눈치만 보다가 끝난 회의.

그런데 회의가 끝난 후, 팀장님이 불러서 한 마디 합니다.

"지윤씨, 혹시 이번 프로젝트에 관심 없어서 의견 안 내는 거야?"
"아..아니요..!"

(억울하다. 난 그저 배우려는 자세로 열심히 회의를 들은건데..)

이런 상황에서 우리는 왜 억울한 감정을 느낄까요?

바로 나의 의도를 상대방이 왜곡해 오해했기 때문입니다.

여기서 알 수 있듯이 우리도 상대방이 말하기 전까지 추측은 넣어두는 게 좋습니다. 특히, 부정적인 추측성 발언은 건강한 대화를 망칠 수 있어요. 의도를 왜곡하는 발언을 들은 상대방은 본능적으로 방어적인 태도를 취하게 되고, 잘못한 것이 없음에도 불구하고 해명을 해야 한다는 부담을 느끼게 됩니다. 회의에서 의견을 내지 않은 진짜 이유는 온데간데 없어지고, 프로젝트에 관심이 없지 않다는 것을 어필해야 하므로 솔직한 대화는 불가능해지죠. 관계에 있어서 마음의 문까지 닫아버릴 수 있으므로 주의해야 합니다.

그렇다면 추측 대신 어떤 대화법을 사용하면 좋을까요?

ex. 친구가 약속을 취소했을 때

- **추측성 발언**: "너 나랑 만나기 싫어서 취소한 거 아니야?"
- **열린 질문**: "혹시 무슨 일 있어?"

ex. 연인이 기분이 안 좋아 보일 때

- **추측성 발언**: "내가 뭘 잘못해서 화난 거야?"

- **열린 질문**: "오늘 기분이 안 좋아 보이네. 무슨 일 있었어?"

이렇게 상대가 이유를 직접 말할 수 있는 질문을 사용하면 더 건강하고 솔직한 대화를 이끌어낼 수 있습니다.

무심코 던진 추측성 한 마디는 의도하지 않은 불편함을 초래할 수 있습니다. 특히 다수가 모인 자리에서라면 더욱 조심해야 합니다. 예를 들어, "다들 그렇게 생각하지 않나요?"라는 질문은 반대 의견을 내기 어렵게 만듭니다. 대신, "여러분은 어떻게 생각하시나요?"라고 표현할 수 있습니다. 이는 다양한 의견을 수용하는 대화를 가능하게 만듭니다. 단순한 말투의 차이지만, 상대방의 생각을 존중하는 태도를 보여주죠. "이거 싫어하는 사람도 있어요?" 또는 "이거 좋아하는 사람도 있어요?" 같은 표현도 피하는 것이 좋습니다. 이 또한 상대의 의견을 무시하는 뉘앙스를 내포합니다.

또한, 추측성 멘트를 남발하게 되면 자존감이 낮아보일 수 있으니 주의해야 합니다. 상황에 불확실성을 느낄 때, 자신이 상상한 부정적인 가정을 말로 내뱉는 경우가 많습니다. 이는 발화자가 스스로를 확신하지 못하고, 타인의 반응에 과도하게 의존하기 때문일 가능성이 큽니다. 자존감이 낮은 사람은 다른 사람에게 거절당하거나 부정적으로 평가받는 것에 굉장히 민감합니다. 따라서, 그런 평가를 남들에게 받기 이전에 본인이 미리 이야기해버리는 것입니다. 친구에게 선물을 준 달력을 친구가 잘 쓰지 않는 상황을 예로 들어보겠습니다. 이때 "너 그거 안 예뻐서 안 쓰는 거 아니야?"라고 말을 해버리는 것이 추측성 발언입니다. 자신이 준 선물에 대한 가치를 스스로 의심하는 것이죠. 친구가 '너가 준 거 별로야.'라고 하기 이전에 미리 스스로 그런 말을 해버림으로써, 거절이나 부정적인 평가에 대한 두려움을 완화하려는 태도를 취하는 것입니다. 상대방의 부정적인 반응으로부터 심리적 충격을 줄이려는 행위와 같습니다.

상대에게 무언가를 부탁할 때도 추측성 표현을 줄여야 합니다. 우리는 종종 상대방의 일정이나 의도를 미리 예측하고 부탁을 할 때가 있습니다. 예를 들어, 개인적인 일정 때문에 대신 일을 맡아줄 사람을 찾는다고 가정해 봅시다. "화요일에 스케줄 되지?"라고 묻는다면, 이는 상대방이 해당 날짜에 일정이 없음을 이미 가정하고 있는 표현입니다. 이렇게 질문하면 상대방은 거절하기 어려운 상황에 놓일 수 있습니다. 더 적절한 표현은 "화요일에 스케줄 있어?"입니다. 이렇게 물으면 상대방이 자신의 일정에 대해 자유롭게 답할 수 있으며, 부담 없이 의견을 표현할 수 있습니다.

추측을 줄이고 열린 질문을 활용하는 것은 상대방을 존중하고 배려하는 태도입니다. 무심코 나도 모르게 상대의 의견을 묵살하고, 의도를 왜곡할 수 있는 추측성 발화를 하고 있었던 건 아닌지 오늘부터라도 자신의 말 습관을 점검해보세요.

02

돌려 돌려 말하지 말기

　자신이 원하는 바를 솔직하게 말하지 못하면서 상대방이 알아채주길 바라는 사람, 개인적으로 가장 대화하기 어려운 유형 중 하나입니다. 원하는 대답을 듣지 못하면 토라지기까지 하고, 더 나아가 자신이 토라졌다는 사실조차 직접적으로 표현하지 않는 경우도 많습니다. 괜찮다고 말하지만, 표정과 분위기는 전혀 그렇지 않죠.

　해석의 여지가 다분한 말로 상대방이 알아서 이해해 주길 바라는 것만큼 비효율적이고 이기적인 행동도 없습니다. 원하는 것이 있다면 정확하게 의사를 전달해야 합니다.

그렇다면 자신의 속마음을 솔직하게 표현하지 않는 이유는 무엇일까요? 첫째는 상대가 알아서 배려해주길 바라는 기대심리를 품기 때문입니다. "하나 하나 다 말해야 알아?"의 경우가 이에 해당합니다. 하지만 말을 하지 않으면 상대방은 알 수 없습니다. 두 번째 원인은 거절에 대한 두려움이 있습니다. 어렵사리 원하는 바를 이야기했는데, 상대가 이를 거부하면 심리적 타격이 올 수 있죠. 그래서 원하는 바를 이야기하지 못하고 회피하는 경우가 있습니다.

하지만 원하는 걸 말하지 않은 채, 돌려서 이야기하면 오히려 관계는 악화될 수 있습니다. 상대방이 나의 의도를 정확하게 파악하지 못한다면, 결국 내가 원했던 방향과 다르게 상황이 흘러가게 될 것이고 그렇게 되면 상대에게 실망감을 품게 됩니다. 또한, 내가 매번 돌려서 이야기한다는 것을 상대방이 알아차리기라도 하면 상대는 나의 눈치를 보게 될 것이고, 대화하는 것 자체를 피곤하게 생각할 수도 있습니다.

예시

친구 커플과의 단체 약속이 있는 날입니다.

A: "오늘 피곤해서 못 만날 것 같아." **(= 사실은 너랑 둘만 있고 싶어.)**

B: "그래? 알겠어. 너는 못 간다고 얘기할게."

A는 사실 단체로 만나는 것보다 B와 단둘이 있고 싶었습니다. 그런데 그 마음을 솔직하게 말하지 못하고 피곤하다고 돌려 이야기했습니다. A는 아마 '피곤하다'라고 말한 이유를 B가 알아차리고 "그럼 약속 파토내고, 둘이서 볼까?"라는 대답을 하길 기대했을지도 모르겠습니다. 하지만 앞서도 이야기했듯이, 내가 말하지 않은 것에 있어서 상대가 알아주길 바라는 것은 내가 이기적인 것입니다. 상대가 알아차리지 못했다고 해서 상대가 잘못한 것이 아닙니다. "오늘 단체 약속보다는 너랑 단둘이 있고 싶어. 우리 따로 만날까?"라고 하며, 내가 원하는 바를 솔직하게 이야기하고 제안하세요.

다음 상황은 정말 많은 연인들에게서 볼 수 있는 대화입니다.

예시

A: "아무거나 먹자." **(=사실은 파스타가 먹고 싶어.)**

B: "그럼 근처에서 간단히 김밥 먹을까?"

A: "김밥은 좀… 별로 안 끌리는데."

정말 먹고 싶은 것이 떠오르지 않는다면, 그리고 뭐든 먹어도 상관이 없다면 '아무거나 먹자.'라고 말해도 되겠지만 이미 마음속에 답을 정해둔 채 상대가 그 답을 말하길 기다리는 것은 좋은 대화법이 아닙니다.

바람직한 표현: "나는 오늘 파스타가 당기는데, 너는 뭐가 좋아?"

솔직하게 원하는 것을 말하는 게 처음에는 어려울 수 있습니다. 자칫 이기적으로 비춰질까 걱정이 될 수도 있겠습니다. 하지만 진짜 이기적인 것은 그게 아니라는 것을 명심하세요. 상대가 나의 마음을 헤아려주길 바라기보다는 원하는 것을 정확하고 구체적으로 표현하는 것이 더 건강한 대화법입니다. 내가 원하는 것을 솔직하게 전달하는 연습, 해볼까요?

1. **자신의 감정 파악하기:** 내가 진짜 원하는 것이 무엇인지 파악하는

것이 가장 먼저입니다. 때로 분명 무언가를 원하기는 하는데, 정확히 뭔지 몰라서 두루뭉술하게 이야기하는 경우도 있기 때문입니다.

2. **제안하는 말투 익히기**: 단순히 '나는 이걸 원해!'라고 말하는 것이 아니라, 상대방의 의견도 존중하는 방식으로 표현하는 것이 중요합니다.

   ex. '나는 이게 좋은 것 같은데, 너는 어때?'

3. **솔직함을 긍정적으로 받아들이기**: 솔직한 표현이 관계를 깨는 것이 아니라, 오히려 관계를 건강하게 만드는 과정임을 반드시 인식해야 합니다.

03

말을 잘 하려고 하지 말기

 개인적으로 구독자 약 130만명을 보유한 '닥터프렌즈' 채널을 좋아합니다. 자칫 어렵게 들릴 수 있는 의학전문용어들을 쉽고 친숙하게 설명해주기 때문입니다. 예를 들어, '위유문부 → 위의 출구' 이렇게 말이죠. 이에 더해 그림 자료와 자막으로 한 번 더 설명해줍니다. 채널의 이름도 한몫한다고 생각하는데요. 똑똑하고 유능한 의사선생님이 이야기를 해주는 느낌보다는 의사인 친구와 떠드는 느낌이 듭니다. 채널이 인기있는 이유 중 하나라고 생각합니다. 사람이 유식해보이는 것과 호감인 것은 전혀 다른 카테고리입니다. 사람들은 있어보이고 어려운 말보다는 친숙하고 쉬운 말에 더 호감을 느끼게 됩니다.

조회수가 잘 나오는 정보성 유튜브 콘텐츠들의 공통점을 파악해보면, 흔하지 않은 정보를 이해하기 쉽게 설명해준다는 것입니다. 복잡한 전문 용어나 장황한 설명은 듣는 이의 집중력을 떨어뜨릴 뿐입니다. 아무리 장황하게 설명해도 사람의 뇌리에 남는 단어는 10개 미만이라고 합니다. 반면, 쉬운 말과 직관적인 예시를 활용하면 듣는 사람은 빠르고 쉽게 이해할 수 있습니다.

말하기의 목적은 '소통'입니다. 내가 얼마나 많은 것을 알고 있는지를 드러내는 것이 아니라, 내 생각을 상대방이 쉽게 이해하도록 전달하는 것이 더 중요합니다. 그렇다면, 어떻게 하면 어려운 용어들을 쉽게 설명할 수 있을까요? 아래 4가지 방법을 참고해보세요.

1. 낯선 개념을 익숙한 개념으로 바꾸기

어린아이에게 설명한다고 생각하고 말하는 연습을 해봅시다. 혹은 나이가 지긋하신 어르신께 친절하게 설명드린다고 상상하서도 좋습니다. 둘 중 편한 상황으로 선택해보세요. 발표 대본이 준비되어 있다면, 대본을 활용해서 연습해도 좋아요. 이때, 내 앞에 놓여진 아무 사물이나 선정해 그 사물을 아이, 혹은 어르신이라고 생각하고 이야기해보세요. 지나치게 어렵거나 장황하지는 않은지도 체크해보세요.

ex.
금리 인상 ⇒ 대출 이자가 오른다
⇒ 돈을 빌렸을 때, 갚아야하는 돈이 늘어남

2. 불필요한 외래어, 한자어, 은어 줄이기

불필요한 외래어나 한자어를 줄이는 것도 쉽게 말하는 방법 중 하나입니다. 꼭 사용해야한다면, 1. 낯선 개념을 익숙한 개념으로 바꾸기를 활용해 쉽게 풀어 다시 한 번 설명해주세요.

ex.
린하게 ⇒ 낭비를 최소화하고 효율성을 극대화

3. 한 문장이 너무 길어지지 않게

장황한 설명은 듣는 사람의 집중력을 떨어뜨리기 쉬워요. 최대한 짧게 끊어가는 것이 좋습니다. 드림메이트 파이널스피치팀에서는 '단문스피치' 연습을 하는데요. 한 문장에 주어와 서술어를 1개씩만 사용해 특정 주제에 관해 1분 동안 이야기하는 훈련입니다.

'~하고, ~해서, ~하고…' 이렇게 말이 늘어지면 늘어질수록 말을 하다가도 내가 무슨 말을 하는지 모르게 되고, 그러다 결국 급하게 말을 마무리하게 됩니다. 의식적으로 '~하고'를 사용하는 부분에서 '~합니다.'로 끊어보세요.

4. 상대방이 제대로 이해하는지 체크하기

마지막으로 내가 쉽게 말을 하고 있는지 확인해보면 좋습니다. 설명을 한 후, '여기까지 이해되시나요?'라고 자연스럽게 물어보세요.

어려운 말을 쓰는 것이 곧 전문성이 있다는 것을 입증하는 것은 아닙니다. 오히려 알고 있는 지식을 쉽게 설명할 수 있는 사람이 진짜 전문가라고 생각합니다. 어렵게 말하려 하지 말고, 상대방이 편안하게 이해할 수 있도록 쉽고 명확하게 말하는 습관을 길러봅시다.

04

명령조 사용하지 말기

친구와 함께 오랜만에 설렁탕을 먹으러 갔습니다. 국물이 뽀얗고 깊은 맛이 나는 것이 딱 기대했던 맛입니다. 하지만 한 숟갈 떠 먹고 나니 조금 싱거운 것 같습니다. 간을 맞추려고 소금을 넣으려는데, 소금통이 친구 쪽에 놓여 있네요. 이럴 때, 여러분은 어떻게 말을 꺼내시나요? 혹시나 이렇게 말하고 있진 않나요?

"소금통 좀 줘 봐."

명령조는 자칫 잘못하면 상대방에게 행동을 강요하거나 선택의 여지를 주지 않는 느낌을 줄 수 있습니다. 상대방이 자신의 의견을 존중받지 못한다고 느낄 수도 있고, 의사와 상관없이 행동해야 하는 압박을 받을 수도 있습니다. 예를 들어, "문 열어!"라고 말했을 때, 상대방은 자신의 의사와 상관없이 문을 여는 행동을 강제로 해야 하는 상황처럼 느끼게 됩니다.

또한, 명령조는 공격적이거나 위압적으로 들릴 가능성이 큽니다. 듣는 사람이 무의식적으로 방어적인 태도를 취하게 될 수도 있고, 심하면 반감을 가져 오히려 그 행동을 하기 싫어할 수도 있죠. 어렸을 때 기억이 떠오릅니다. 엄마가 "숙제 해!"라고 하면 괜히 더 하기 싫었었죠. 마침 숙제를 딱 하려고 했는데, 명령이 들어와버리니 억지로 해야 한다는 묘한 불쾌감이 생겼던 것 같습니다.

명령조는 관계를 수직적으로 만들 가능성이 높다는 점도 문제점입니다. 특히 친구나 연인 관계처럼 대화가 수평적으로 이루어져야 하는 경우, 명령조는 관계를 악화시킬 수 있습니다.

같은 말이라도 이렇게 바꿔볼까요?

- "나 따라와." → **"같이 갈래?"**

- "이거 가져가." → **"이거 가져가 줄 수 있어?"**

명령조를 완화하는 가장 쉬운 방법은 의문문을 활용하는 것입니다. "문 좀 열어!" 대신 "문 좀 열어줄 수 있어?"라고 말해보는 것이죠. 이렇게 말하면 상대방에게 선택할 여지를 주게 됩니다. 그리고 의문문을 사용하면 말투 자체가 부드러워지는 것을 알 수 있어요. 왜일까요? 상의하는 느낌을 주기 때문입니다. 상대방에게 의견을 물어보는 존중의 표현인 것이죠.

감사의 표현을 덧붙이는 것도 좋은 방법입니다.

- "문 열어줘." → **"문 열어주면 고마울 것 같아."**

05

변명부터 하지 말기

    표준국어대사전에 따르면 '사과하다'는 '자기의 잘못을 인정하고 용서를 빌다.'로 정의되어 있습니다.

    어떠한 잘못을 했을 때, 상대에게 미안함을 표현하고 갈등 상황이 마무리되기를 원할 때 우리는 사과를 합니다. 그런데 사과를 할 상황에 변명부터 늘어놓는 경우가 있습니다. 아무리 진심을 담아 사과했을지라도, 아무리 설득력있는 잘못의 이유를 말했을지라도 변명의 언어로 문장을 시작하게 되면 진심어린 '미안해'는 묻혀버릴 수 있습니다.

예를 들어, 친구와 6시에 만나기로 했는데 30분 정도 늦게 약속 장소에 도착했습니다. 이때, "아, 퇴근 시간이라 길이 너무 막혔어."라고 설명부터 하면 상대는 '핑계를 대네'라고 느낄 수 있습니다. 상대가 가장 먼저 듣고 싶은 것은 "기다리게 해서 정말 미안해."라는 진심 어린 사과일 것입니다. 이후에 상대가 "왜 늦었어?"라고 궁금해하면 그때 상황을 설명해도 늦지 않습니다. 자신의 잘못을 인정하는 것이 사과의 본질인데, '퇴근 시간' 때문에 늦었다는 설명이 먼저 나오면 '나는 잘못한 것이 아니다.'라는 뉘앙스를 풍기게 됩니다. 잘못을 정당화하려 한다는 인상을 줄 수 있죠.

예시
A: "왜 보고서 마감 기한 안 지켰어요?"
B: "아, 갑자기 부장님이 다른 일을 시키셔서…"

B는 나름 상황에 대한 설명을 하려고 한 것이겠지만, A입장에서는 B가 자신의 실수를 인정하지 않고 부장의 탓으로 돌리며 변명한다고 느끼게 됩니다. 이는 책임감 없는 모습으로까지 비춰질 수 있습니다. 아무리 다른 일이 있었다고 하더라도 마감 기한을 안 지킨 것은 사실입니다. 그에 대한 인정과 사과를 먼저 하는 것이 더 좋은 대화법이라고 생각합니다.

> "기한을 맞추지 못해 죄송합니다.
> 다음부터는 미리 일정 조율을 하겠습니다."

이렇게 실수를 했더라도 빠르게 인정하고 해결책을 제시하는 사람은 '책임감 있는 사람'으로 평가받아 더 신뢰를 받을 수 있습니다.

다른 예시를 들어보겠습니다. 나는 장난으로 한 말에 상대방이 상처받는 경우가 있죠? 이때 우리는 억울한 나의 감정에만 초점을 맞추는 실수를 저지르곤 합니다. 하지만 이는 상대방이 '내 감정은 중요하지 않은가?'라는 생각을 하게 만들고, 감정적 거리감을 더 벌릴 수 있습니다.

예시
A: "너 오늘 말이 좀 심했어."
B: "그게 아니라, 난 그냥 장난이었어."

A는 자신의 감정이 무시당했다고 느낄 수 있습니다. 아무리 장난이었을지라도 내가 상처를 받았다는데 말이죠. 이때도 진심어린 사과가 먼저 나와야 합니다.

"네 기분이 상했다면 미안해.
난 장난으로 한 말이었는데, 앞으로 주의할게."

사과를 해야 할 상황에서는 나의 변명부터 떠올리기보다 '상대가 듣고 싶은 말이 무엇일까?'를 먼저 생각하는 것이 중요합니다. 이렇게 전한 진심 어린 "미안해" 한마디는 관계를 더 돈독하게 만들어줄 것입니다.

06

진짜 아는지 떠보지 말기

대화를 할 때, 상대방이 특정 정보를 진짜 알고 있는지를 떠보듯 질문하는 것은 불쾌감을 줄 수 있습니다. 상대방을 시험하거나 평가하는 듯한 인상을 주며, 수평적인 관계를 수직적으로 느끼게 만들 수 있습니다. 따라서, 친구나 애인 관계처럼 평등한 관계에서는 더더욱 피해야하는 대화법입니다.

예를 들어, 이런 대화가 있다고 가정해볼까요?

예시

A: "너 전공이 뭐였지?"
B: "나 중어중문학과!"
A: "아, 그럼 'nihao' 성조 뭔지 알겠네?"

진짜로 'nihao'의 성조를 몰라서 물어보는 게 아니라, 상대방이 아는지 모르는지 확인하려고 질문하는 건 불쾌감을 줄 수 있습니다. 상대방은 마치 시험을 당하는 느낌을 받게 되지 않을까요?

비슷한 예시를 하나 더 보겠습니다.

예시

A: "너 음악 좋아해?"
B: "응, 완전 좋아해!"
A: "그럼 모차르트 교향곡 40번 몇 악장인지 알겠네?"

이런 질문을 받으면 나는 음악을 좋아한다고 했을 뿐인데, 갑자기 지식을 검증당하는 기분이 들 수 있습니다. 대신, 이렇게 물어보는 것이 더 자연스럽습니다.

ex. "어떤 장르를 가장 좋아해?" / "요즘 자주 듣는 곡 있어?"

떠보기 질문은 상대방에게 불필요한 긴장감을 줄 수 있습니다. 상대는 본인의 관심사나 전공이 존중받는 느낌보다는 평가당하는 느낌을 받게 되죠. 따라서, 상대는 대화를 편안하게 즐기기보다 실수를 하지 않으려고 경계하게 됩니다. 또한 관계가 순식간에 수직적으로 변질될 수 있습니다. 마치 선생님이 학생에게 문제의 답을 물어보는 느낌이 되어버리는 것이죠.

- **떠보기 질문**: "너 축구 좋아한다며? 그럼 UEFA 챔피언스리그 역대 우승팀 다 알겠네?"
- **자연스러운 질문**: "요즘 축구 경기 중에 어떤 팀이 제일 재미있어?"

07
요청하지 않은 조언은 넣어두기

자주 하는 헤어 스타일링 방법을 유튜브에 올린 적이 있습니다. 그리고 달린 댓글 하나. "단발이 나은데요." 인터넷에서는 누구나 자유롭게 의견을 표현할 수 있으니 그 댓글을 보고도 그냥 넘길 수 있었습니다. 하지만 만약 이 말을 친구에게 직접 들었다면 기분이 어땠을까를 생각해보았습니다. 긴 고민 끝에 머리를 자르고 "단발로 잘랐어."라고 말했는데, 돌아오는 대답이 "긴 머리가 더 나은데?"라면 어떨까요? 기분이 썩 좋지는 않을 것입니다. 왜일까요? 그건 바로, 요청하지 않은 조언이기 때문입니다.

비슷한 경험은 일상에서 종종 찾아옵니다. 오랜 고민 끝에 어렵게 들어간 로스쿨을 자퇴하기로 결정하고 그 이야기를 꺼냈을 때, "그래도 변호사가 되는 게 한국에서 살기엔 좋을 텐데."라는 말을 들으면, 수개월 동안 깊이 고민한 결정을 한순간에 가볍게 만드는 듯한 기분이 들겠죠? 물론 상대방은 좋은 의도로 한 말일 수도 있지만, 듣는 입장에서는 불필요한 참견처럼 느껴질 수 있습니다.

나는 조언이라고 생각하고 말을 꺼냈는데, 상대는 원하지 않는 말인 경우가 있습니다. 우리가 기억해야하는 것은, 조언은 상대방이 요청했을 때 비로소 의미를 갖는다는 것입니다. 요청하지 않은 조언은 잔소리가 되기 쉽습니다. 잔소리란 '필요 이상으로 듣기 싫게 꾸짖거나 참견하는 것'을 의미합니다. 여기서 '필요 이상'은 상대가 원하지 않는다는 것을 의미하기도 합니다.

예시
A: "야근 많아서 너무 힘들다."
B: "그럼 차라리 이직 준비를 해."

"내가 조언해주면 상대방의 상황이 더 나아질 거야."라는 생각으로 말을 건넬 수도 있겠습니다. 하지만 상대방이 정말로 문제 해결을 원했다면, 이미 스스로 고민했거나 조심스럽게 도움을 요청했을 거예요.

또한, 이렇게 조언을 해줌으로써 우월감을 느끼는 사람들도 있습니다. 당신보다 내가 더 많은 것을 알고 있다는 걸 강조하려는 의도가 느껴질 수 있으며, 이는 듣는 사람에게 불쾌함을 줄 수 있어요. "나도 해봤는데~"라는 말도 조언이라기보다 단순한 자기 자랑으로 비칠 수 있으니 주의해야합니다.

그렇다면 조언을 하고 싶을 때, 어떻게 해야 할까요? 가장 좋은 방법은 상대방의 의사를 묻는 것입니다. "혹시 내 의견이 필요하면 말해줘!"라고 먼저 제시하는 것이죠. 혹시나 내가 조언에 부담을 느낄까봐 상대방이 물어보지 못하는 걸수도 있으니까요.

그리고 듣는 사람에게 선택권을 주는 것도 중요합니다. "이렇게 해야 해."보다는 "이 방법도 괜찮더라."라고 하면 듣는 사람이 부담을 덜 느낄 수 있습니다.

요청하지 않은 조언은 상대방에게 도움이 되기보다 불편함을 줄 수 있습니다. 조언을 하고 싶을 때는 내가 하고 싶은 말이 무엇인지에 초점을 두지 말고, 상대방이 원하는 게 무엇인지 파악하고 그에 공감하는 태도를 가지는 것이 중요합니다. 정말 상대방을 위한 말이 무엇인지 생각해봅시다.

08

MZ 말투 고치기

드림메이트를 운영하면서 가장 많이 듣는 고민 중 하나는 바로 '어린아이 같은 말투를 바꾸고 싶다'는 것입니다. 저 역시 아나운서 학원을 다닐 때 가장 많이 지적받았던 부분이 '아투'(=어린아이 말투)였습니다. 아나운서 학원에서는 매 수업시간마다 한 명씩 앞으로 나가 뉴스를 읽고, 선생님에게 피드백을 받습니다. 아투가 심했던 저는 전문성이 떨어져 보이고, 신뢰감을 주지 못한다는 지적을 받았었습니다. 아나운서 학원에서 '아투'를 가장 신경 써서 교정하도록 지도하는 이유도 바로 여기에 있습니다. 뉴스를 전달하는 아나운서의 말이 신뢰와 전문성을 잃으면, 그 뉴스마저 신뢰도가 떨어질 수 있기 때문입니다.

일상 생활에서도 마찬가지입니다. 아이같은 말투는 특히 면접이나 직장 내 발표 등 업무적인 상황에서 치명적입니다. 어려보이는 말투 때문에 사람들에게 만만해보일까 걱정하셨던 분들이라면 이번 장을 유의깊게 읽어보셨으면 좋겠습니다.

아래에서 소개해드릴 아이 같은 말투 고치는 연습 방법을 연구하고 이를 1년 동안 매일 실천한 결과, 더 이상 아투가 심하다는 피드백을 듣지 않게 되었습니다. 저의 초창기 유튜브 영상과 지금의 영상을 비교해 보면, 마치 다른 사람처럼 말투가 달라졌다는 것을 확인할 수 있습니다. 목소리의 톤과 발음뿐만 아니라, 말의 흐름 자체가 변화했습니다.

그렇다면, 도대체 어떤 요소가 우리의 말을 '어린아이처럼' 만드는 걸까요?

애같은 말투의 특징

1. 끝음절이 다 올라간다.
2. 한 음절씩 다 끊어진다.

3. 음이 위아래로 꿀렁인다.
4. 이중모음을 단모음처럼 한다.
5. 입꼬리에 힘이 많이 들어간다.
6. 콧소리, 앵앵거리는 말투가 심하다.

이 6가지가 대표적인 어린 아이같은 말투의 특징입니다.

1. 끝음절이 올라간다

ex.
오늘!↗ 제가!↗ 발표할~↗ 내용은↗ '아나운서처럼↗ 말하기'입니**다**↗

이렇게 단어의 끝부분이 다 올라가는 것을 '상승조'라고 부릅니다. 상승조가 반복되면 책을 읽는 것같이 어색하게 들립니다. 올라가는 음을 다 내려볼까요?

ex.
오늘↘ 제가↘ 발표할↘ 내용은↘ '아나운서처럼↘ 말하기'입니다↘

이렇게 내려서 말하는 것을 '하강조'라고 합니다. 음이 낮아졌기 때문에 기본적으로 분위기가 가라앉게 되어, 차분하고 성숙한 분위기를 낼 수 있습니다. 이때 손을 활용하면 더 쉽게 연습할 수 있습니다. 손으로 우하향하는 곡선을 허공에 그리며 연습해보세요.

2. 한 음절씩 다 끊어진다

ex.
오.늘. 제.가. 발.표.할. 내.용.은. '아.나.운.서.처.럼. 말.하.기.'입.니.다.

뉴스 리딩을 전혀 배우지 않은 사람에게 뉴스를 읽어보라고 했을 때, 가장 흔히 나타나는 현상입니다. 용어가 어색하고 내용이 완벽히 숙지가 안 된 상태에서 읽으면 이렇게 한음절씩 다 끊어집니다. 뉴스가 아닌 스스로 작성한 원고임에도 불구하고 발표를 하거나 면접을 볼 때, 이렇게 음절마다 다 끊어서 말하는 분들이 있습니다. 말의 확신이 느껴지지 않고, 전달력조차 떨어지죠. 이때는 의미단위별로 동그라미를 쳐보세요.

ex.
(오늘) (제가 발표할 내용은) (아나운서처럼) (말하기입니다)

의미단위를 한 묶음으로, 즉 한 호흡으로 읽으면 훨씬 전달력이 좋아집니다. 이때도 손을 활용하면 좋습니다. 의미단위마다 원을 하나씩 그리며 읽어보세요.

3. 음이 위아래로 꿀렁인다

ex.
젊↘은↗ 패↘기로↗… 안↘녕↗하↘세요↗.
인↘턴↗ 기↘자↗, 주↗- 현↘- 영↗입니다.

SNL에서 큰 화제가 됐던 MZ 말투 대사입니다. 활자로만 봐도 귀에서 음성이 재생되는 것 같지 않나요? 당시 해당 말투에 공감하는 분들이 정말 많았습니다. 이 말투의 특징은 바로 '꿀렁임'입니다. 말을 할 때, 음이 너무 많으면 유치하게 들립니다. 특히 '주.현.영'입니다 할 때는 2번(음절마다 끊어지는 현상)도 합쳐지죠?

이때는 음을 다 평평하게 만들어보세요. 아나운서 뉴스 리딩에서는 이를 '평조'라고 부릅니다.

ex.
젊-은- 패-기-로 신-속- 정-확-한 뉴-스-를 - 전-달-한-다.
안-녕-하-세-요. 인-턴-기-자, 주-현-영-입-니-다-.

여기서 주의할 점, 모든 단어를 같은 음으로 하면 AI 음성처럼 들립니다. 평조의 궁극적인 목표는 3번인데요. 아래 그래프를 볼까요?

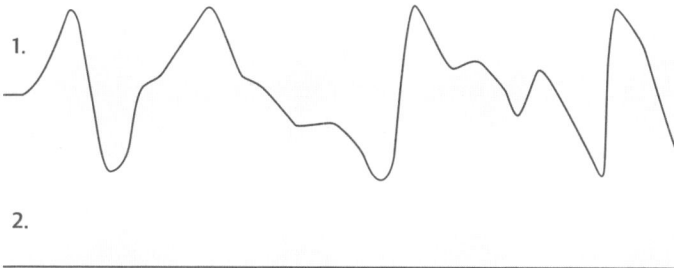

1. 평조bad   2. AI   3. 평조Good

　1번처럼 읽던 사람은 2번 과정을 거쳐 3번이 됩니다. 1번 그래프가 인턴기자 주현영의 말투입니다. 위아래로 들쭉날쭉 튀는 구간이 많습니다. 그리고 처음에 평조를 적용하려고 하면 AI나 로봇처럼 읽게 되는데, 그것이 2번 그래프입니다. 이는 자연스러운 현상입니다. 일단 잘 모르겠다면 인위적으로 한 음만 사용해 리딩해 봅시다. 불필요한 조사를 강조하거나 어미에 힘 주는 것보단 AI가

덜 아이같아 보입니다.

평조는 곧게 뻗은 넓은 길을 걷는 것과 같습니다. 이때, 앞에서 말한 AI 리딩(2번)은 그 길에서 일직선으로만 걷는 것입니다. 우리의 궁극적인 목표는 이 길에서 벗어나지만 않게(3번) 자유자재로 걷는 것입니다.

평조 = 평평하게 말하는 것
= 조사와 어미 등이 튀지 않게 방지하는 가장 기초훈련

평조 연습 방법1: 조사 힘 빼기

'조사'란 주로 체언에 붙어 뒤에 오는 단어와의 문법적 관계를 표시하거나 그 말의 뜻을 도와주는 품사입니다. 말 그대로 '도와주는' 품사이기 때문에 없어도 되는 애들이죠. 예를 들어, '나는 밥을 먹었어!'라고 말해도 되지만 '나 밥 먹었어!' 처럼 주격조사 '는'과 목적격조사 '을'이 없어도 말이 됩니다. 따라서 이 조사를 강조하는 것은 불필요한 일입니다. 조사에서 음이 과도하게 높아지거나 소리의 세기가 세지거나 음의 길이가 길어지지 않도록 확 힘을 빼는 연습을 해봅시다.

HOW?

1. 조사에 괄호표시를 해보자.

ex.

세계 최대(의) 열대 습지(인) 파타나우(에서) 이상고온(과) 가뭄(에) 따른 화재(가) 이어지면(서) 큰 피해(가) 우려됩니다.

2. 괄호 안에 있는 조사를 거의 속삭이듯이 작게 리딩해본다.

3. 최종적으로 리딩을 해본다.

평조 연습 방법2: 앞강세

전체 내용을 제대로 이해하고, 2번 해결책인 의미단위로 묶어보기를 해보세요.

ex.

브라질 국립우주연구소는 이달 들어 현재까지 파타나우에서 730건이 넘는 화재를 감지했다고 밝혔습니다.

⇒ (브라질) (국립우주연구소는) (이달 들어 현재까지) (파타나우에서) (730건이 넘는) (화재를 감지했다고) (밝혔습니다.)

그 다음, 각 의미 단위의 앞글자에 악센트를 줘보세요.

ex.

파!타나우에서 **7!**30건이 넘는 **화!**재를 감지했다고

⇒ 특히'에서, 는, 를, 고' 와 같은 조사나 어미에서는 힘을 확 빼고, 늘리지 말기

1. 이중모음을 단모음처럼 한다

이중모음을 제대로 하지 않으면 혀가 짧아보이고, 확 어린아이 같은 말투가 됩니다.

ex.

최고	체고
됐다	대따
의사	으사

이중모음을 잘하기 위해서는 입을 빠르게 움직여야 하는데요. 이중모음이란 단모음 2개가 합쳐진 모음입니다. 'ㅘ'의 경우, 'ㅗ'와 'ㅏ'가 합쳐진 것이죠. 단모음은 하나의 소리에 입모양이 '1개'이지만 이중모음은 입모양이 '2개'입니다. 따라서, 'ㅘ'를 할 때, 'ㅗ'의 입모양도 나와야하고, 'ㅏ'의 입모양도 나와야합니다. 2배 빠르게

움직여야하는데, 귀찮아서 대충 발음하는 경우가 많아요.
어린 아이같은 말투를 버리고 싶으시다면 부지런히 움직여주세요.

'와' : ㅗ와 ㅏ가 모두 느껴지게 입을 확 모았다가 턱을 확 내려주는 것을 빠르게 전환해야 함.

ex. 외환, 양극화

가장 어려워하는 이중모음이라고 하면 '의'를 빼놓을 수가 없습니다. '의사, 의의, 의견' 등 많이 쓰이는데, 제대로 발음하기 쉽지 않죠. 아래 연습 방법으로 연습해볼까요?

'의' : '으'와 '이'를 따로 따로 발음하다가 점점 빠르게

으 ⋯⋯⋯⋯⋯ 이
으 ⋯⋯⋯⋯ 이
으 ⋯⋯⋯ 이
으 ⋯⋯ 이
으 ⋯ 이
의

아래 10개의 문장을 읽으며 이중 모음에 신경 써보세요.

* ㅚ, ㅟ는 모음분류상 이중모음이 아니라 단모음이지만, 이중모음으로 발음이 허용됩니다

이중 모음

1. **최**근 나의 **취**미는 수채**화** 그리기입니다.
2. 팀**원**들**과**의 **의**사소통을 통해 **계획**을 착실히 이행해나가고 있습니다.
3. 우리 **회**사의 후**원** 행사에서는 다양한 문**화**와 음식을 경험할 수 있습니다.
4. 주말에는 가족들**과** 함께 산 속에서 캠핑을 즐기는 게 저의 **최**애 활동입니다.
5. 새로 개설된 교**육 과**정은 학습자들에게 **효과**적인 학습 기**회**를 제공하고 있습니다.
6. 민주주의의 **의**의를 깊이 이해하려면 역사적인 맥락**과** 정치적인 상**황**을 함께 고려해야 합니다.
7. 대한 **관광**, 대한 **관광** 공사, 대한 **관광** 공사 공무**원**
8. 문**화**체육**관광** 예산이 역대 **최**대 규모인 1조**원**을 돌파했습니다.
9. 한 가정**의학과** 전문**의**가 건강기능식품 판매 **과**정에서 **위**, **과**장 **광**고를 한 혐의로 고발당했습니다.
10. 정부는 새 법안을 검토하기 위해 특별 **위원회**를 구성했고, 각 분야

의 **보좌관**들이 법안의 내용을 분석했습니다.

2. 입꼬리에 힘이 많이 들어간다

입술과 입꼬리에 힘이 많이 들어가면 유치해지는 말투가 되기 쉽습니다. 입술 필러를 과하게 맞아 입꼬리가 부자연스럽게 올라간 이른바 '듀' 입술을 만들어보면 자연스레 입꼬리에 힘이 들어가는데요. 이때 '안녕하세요, ○○○입니다.'를 말해보면, 종결어미 '다'가 '댜'로 발음되고 '안녕'이 '안늉'이 됩니다. 전문적이고 성숙해 보이는 말투와는 거리가 멀죠.

이때는 엄지손가락과 검지손가락으로 양볼을 잡고, 붕어 입술을 만들어보세요. 물리적으로 입꼬리에 힘을 빼는 것입니다. 붕어 입술을 만든 상태로 아래 글을 읽어보세요. 그리고 손가락을 떼고 다시 글을 읽어보세요. 확실히 입술에 힘이 덜 들어가는 느낌일 것입니다.

발표 예시문

안녕하십니까, 새로운 밀키트 출시 제안 발표를 맡게 된 ○○○입니다. 최근 밀키트 시장은 꾸준히 성장하고 있으며, 소비자들의 요구도 더욱 다양해지고 있습니다. 밀키트 시장은 코로나19 이후 지속적인 성장세를 보이고 있습니다. 소비자들은 간편하면서도 건강한 식사를 선호하며, 특히 프리미엄 밀키트와 맞춤형 식단에 대한 관심이 증가하고 있습니다. 이러한 시장 흐름을 반영하여, 당사는 기존 제품과 차별화된 밀키트를 출시하고자 합니다.

---

3. 콧소리, 앵앵거리는 말투가 심하다

1:1 스피치 수업을 받으러 온 한 수강생이 있었습니다. 그는 개인 사업을 운영하며 업체 대표들과 통화하는 일이 많은데, 앵앵거리는 말투 때문에 만만하게 보이거나 어리게 보이는 것이 고민이었습니다. 이처럼 콧소리가 심한 말투도 전문적인 인상을 주기 어렵습니다.

또한, 비음이 강한 말투로 인해 면접에서 떨어지는 경우도 있습니다. "성적은 좋은데 면접 보는 족족 떨어졌다. 면접관인 한 로펌 대표 변호사한테 물어봤다. 대체 뭐가 부족하냐고. "말투를 어른스럽게 하라"는 피드백이 왔다. 어려 보이는 외모와 앵앵거리는 말투가 문제였다. 이걸 안 바꾸면 변호사로 밥 못 먹겠다 싶어 절박해졌다. 당장 "난 40대 여자 변호사"라고 캐릭터를 설정해 연기하듯 독하게 말투를 바꿨다. 화장과 옷차림까지 전부. 그리고 허리를 꼿꼿이 세웠다*.

> *위의 인터뷰는 '굿파트너'라는 드라마를 쓰신 변호사님의 실제 사례입니다.

    이처럼 비음은 자칫하면 '애' 같은 느낌을 줄 수 있습니다. 비음을 한 번에 고칠 수 있는 동작 1가지를 알려드릴게요. 검지와 엄지로 코를 막고 '세계 최초'를 발음해보세요. 소리가 코로 많이 올라가는지 확인해보는 것입니다. '세계 최초'라는 단어에는 비음이 아예 없습니다. 비음이란 ㄴ, ㅁ, ㅇ을 말합니다. 따라서, 코를 막았을 때와, 막지 않았을 때 소리가 똑같이 나야합니다.

    코를 막았을 때, 소리가 조금이라도 답답하게 들린다면 불필요한 비음을 사용하고 있는 것입니다. 이때, 입으로 소리와 바람을 과하게 내보내보세요. 의식적으로 코로 올라가지않도록 하기 위함입니다. 해당 연습 방법을 꾸준히 해주면, 소리의 길이 달라질 것입니다.

    위의 6가지 특징에 따른 연습 방법으로 연습해보세요. 더 이상 어린 아이같은 말투로 누군가 나를 만만하게 보는 일을 없을 겁니다.

---

* 출처: 중앙일보 https://www.joongang.co.kr/article/25279831"

chapter 4

어려운 상황에서의 말하기

누군가에게 말을 걸고 싶은데, 어떤 말부터 꺼내야 할지 막막한 순간이 있습니다.
괜히 어색해질까봐, 실수할까봐, 아니면 상처를 줄까봐… 처음 만나는 사람에게 어떻게 말을 걸어야 할지, 뜻하지 않게 말이 막혔을 때 어떻게 대처해야 할지, 상대의 부탁을 거절하거나, 안 좋은 소식을 전해야 할 때는 더 어렵습니다.
이 장에서는 바로 그런 순간들을 다룹니다. 초면에 말을 거는 법, 말이 막혔을 때의 대처법, 부드럽고 단호한 거절, 칭찬을 자연스럽게 받아들이는 연습, 우울한 친구에게 건네는 위로, 나쁜 소식을 전하는 기술, 민감한 주제를 다룰 때의 태도까지.
말하기 조심스럽고 어려워지는 바로 그 순간들을 함께 연습해봅시다.

초면 talk

처음 보는 사람과의 대화는 언제나 어렵습니다. 초면인 사람과의 대화가 어려운 이유는 여러 가지가 있겠지만, 대체로 불확실성, 시선 의식, 경험 부족, 이 3가지 원인으로 귀결됩니다. 먼저 첫 번째, 불확실성입니다. 상대가 어떤 주제에 관심이 있는지 모르는 상태에서 말을 걸어야 하니 조심스러울 수밖에 없습니다. 두번째는 타인의 시선이 의식되기 때문입니다. 상대에게 잘 보이고 싶은 마음은 인간의 기본적인 욕구 중 하나입니다. "말을 잘해야 좋은 인상을 줄 텐데…" 이런 부담이 커지면 자연스럽게 긴장이 될 수 있습니다. 마지막으로 경험 부족입니다. 처음 보는 사람과의 대화 경험이 많다면 비교적 쉽게 말을 걸 수 있지만, 그렇지 않다면 서툴 수밖에 없어요. 기존 데이터베이스가 없다보니 대화를 어떻게 시작해야 할지 몰라서 망설이게 되고, 말이 끊어졌을 때 어떻게 이어가야 할지 난감해집니다.

그렇다면 어떻게 하면 덜 어려울까요?

대화를 시작할 때는 가벼운 주제로 접근하는 것이 좋습니다. 미국 문화에서는 이를 '스몰 토크(small talk)'라고 합니다. 예를 들어 날씨나 주변 환경 등 지금 당장 눈에 보이고 피부로 느껴지는 것에 대해 질문을 하며 자연스럽게 대화의 시작을 열어보세요. 질문을 던지면 상대방은 자신이 이야기할 기회를 얻게 될 것이고, 그 답변 속에서 내가 할 말이 또 생겨나게 될 것입니다. 또한, 대화를 너무 잘하려고 애쓰지 말고, 부담을 덜고 편안하게 대하는 것이 좋습니다. 대화는 서로를 평가하는 자리가 아닌 상대방과의 사회적 교류이므로, 편안하게 자신을 드러내며 소통하는 것이 핵심입니다.

초면 talk 추천! (11가지)

1. 여기 자주 오세요? (장소에 관한 간단한 이야기)
2. 자차 이용해서 오셨나요? → 오시는데 길이 막히지는 않았나요? / 주차는 편하게 하셨나요?
3. 대중교통 이용해서 오셨나요? → 얼마나 걸리셨어요? → 집이 어느 쪽이에요? → 아 저도 거기 가봤어요! / 자주 가는 동네인데 반갑네요 / 저도 근처에 살아요!
4. 혹시 못 먹는/싫어하는 음식 있어요? → 왜 못 드세요? 왜 싫어하세요? (이유 질문하기)
5. 이제 곧 봄인데, 어떤 계절 가장 좋아하세요? → 왜 좋아하세요? (이유 질문하기)
6. 어떤 일 or 어떤 공부 하세요? (전공/직업) → 잘 모르는 분야인데, 설명해주세요! / 어떤 보람을 느끼세요?
7. 운동 좋아하세요? → 요즘은 어떤 운동하세요? → 그 운동은 어떤 재미가 있나요? (상대방의 느낀점 물어보기)
8. 요즘 ○○○ 화제던데, 보셨어요? (이슈,뉴스) → ○○○에 대해 어떻게 생각하세요? (이슈, 뉴스에 대한 생각 물어보기)
9. 여행 좋아하세요? → 기억에 남는 여행지는 어디인가요? / 추천해 주실만한 여행지 있을까요? → 다음에는 어디 가보고 싶으세요?

10. 드라마, 영화 좋아하세요? → 최근 본 드라마, 영화 중에 추천해주실만한 거 있나요? → 어떤 장면이 제일 좋았나요? / 왜 그 드라마, 영화를 좋아하시나요?

11. MBTI 검사 해보셨어요? → 성격 유형 16가지 중에 어떤 거 나왔어요?

— 02 —

말문이 막혔을 때

말을 하다보면 순간적으로 단어가 떠오르지 않거나, 문장이 꼬여서 막히는 경우가 있습니다. 특히 공식적인 자리에서 말을 하다가 막히면 당황해서 불필요한 말버릇이 나오거나, 시선이 흔들리고, 손이 바빠지는 경우가 많습니다. 하지만 이럴 때일수록 차분하게 대처하는 것이 중요합니다.

대처법

1. 눈을 한 곳에 고정하기

말을 하다가 갑자기 막히면, 눈동자가 이리저리 흔들리면서 불안한 기색이 드러나기 쉽습니다. 하지만 시선을 한 곳에 고정하면 청중에게 안정감을 줄 수 있을 뿐만 아니라, 본인도 심리적으로 안정될 수 있어요. 이는 순간적으로 혼란스러운 머릿속을 정리하는 데도 큰 도움이 됩니다.

2. 손의 움직임 최소화하기

당황을 하면 무의식적으로 손을 가만히 못 두는 경향이 있습니다. 불안함의 반증이죠. 손을 이리저리 움직이거나, 입술 혹은 코를 만지거나, 펜을 돌리는 등의 행동을 하게 됩니다. 하지만 이러한 행동은 오히려 긴장한 모습을 부각시키고, 청중의 집중력을 흐트러뜨릴 수 있습니다. 따라서 손을 가만히 두고, 불필요한 제스처를 최소화하는 것이 좋습니다.

3. 머릿속에서 다음 단어 떠올리기

잠깐의 정적이 흘러도 괜찮습니다. 그 순간을 이용해 머릿속에서 다음에 말할 단어나 문장을 정리하면 돼요. 마치 서랍 속에서

필요한 단어를 찾아낸다는 마음가짐으로, 천천히 단어를 떠올려봐요.

마지막 단계에서 적절한 단어를 떠올리기 위해서는 '생각의 서랍'을 채우는 과정이 반드시 필요합니다. 즉, 평소에 다양한 단어와 표현을 입력하는 것이 선행되어야 한다는 것입니다. 책을 읽거나, 좋은 문장을 외워두거나, 다양한 주제에 대해 생각해보는 습관을 들이면 말이 막히는 순간에도 적절한 단어를 빠르게 떠올릴 수 있습니다. 말을 잘하는 사람은 즉흥적으로 말을 만들어내는 능력이 뛰어난 사람이 아닙니다. 오히려, 평소에 많은 인풋을 쌓고 그것을 적절히 꺼내 쓸 줄 아는 사람입니다.

생각의 서랍을 채우는 1분 스피치 연습 방법

1. 눈 앞에 보이는 사물 하나를 생각한다. (ex. 충전기)
2. 1분 타이머를 설정한다.
3. 아까 정한 사물을 주제로 1분 동안 말한다.

실제로 제가 아나운서 준비를 할 때, 밥 먹듯이 했던 연습으로 말하기 훈련에 아주 효과적입니다.

이때 '단문'으로 말하면 더 쉽게 접근할 수 있습니다.

(단문: 문장 1개에 주어 1개, 동사 1개)

ex.

키워드 : 충전기

제 가방에는 언제나 노트북 충전기가 들어있습니다.
벌써 5년 넘게 쓴 맥북 충전기인데요.
2019년, 유튜브를 시작하고 열심히 편집해보자는
마음으로 구매한 맥북입니다.
당시 대학교 3학년이 사기에는 꽤나 고가의 물건이라
결제할 때 손이 덜덜 떨렸던 기억이 나네요.
그런데 제가 너무 혹사시킨 탓일까요?
지금은 충전기를 꽂지 않으면 작동이 안 될 만큼 낡았습니다.
하지만 6년 동안 제가 일궈온 모든 것을 함께 한 친구이기에
쉽게 버리지 못하고 있습니다.
제가 도전하고 성장해온 시간들을 담은
하나의 증거물이라고 할 수 있겠네요.

거절하기

저에게 난이도가 가장 높은 대화를 하나 꼽으라고 하면, 저는 '거절'의 상황을 고를 것입니다. 특히 친한 사이에서 거절을 하거나 거절을 당하는 일은 더욱 어렵습니다. 거절을 제대로 하지 않으면 작은 오해가 큰 갈등으로 번질 수도 있다는 생각에, 오히려 거절하지 못하고 결국 후회하는 경우를 경험하기도 하죠. 거절하지 않고 상대의 무리한 요구를 받아들였을 때, 당장은 상황이 해결된 것처럼 보일지 몰라도 장기적으로는 관계에 악영향을 미칠 수 있습니다. '언 발에 오줌 누기'라는 속담처럼, 순간적인 해결책이 결국 큰 불편을 초래하는 셈입니다.

거절을 어려워하는 이유

생각해보면, 저 역시 거절을 참 어려워하던 사람이었습니다. 간단한 부탁도 거절하지 못해 몸과 마음에 무리를 주는 경우가 많았습니다. 왜 이렇게 거절이 힘들었을까요? 그 이유를 곰곰이 돌아보니, 거절이라는 의사 표현 자체보다 거절의 '이유'를 상대방에게 설득시키는 것을 더 중요하게 여겼기 때문이었습니다. 즉, 거절의 말을 하기도 전에 '이 사람이 나의 거절을 받아들일까?'를 먼저 고민했던 것입니다. 그러다 보니 자연스럽게 거절하는 것보다 장황한 설명에 집중하게 되었고, 오히려 불필요한 미안함과 스트레스를 키우게 되었던 것이죠.

하지만 입장을 바꿔서 생각해보니, 중요한 건 그게 아니었습니다.
거절을 당하는 입장이 된 경험을 떠올려볼까요?

*"나 지금 회의 준비하느라 정신이 없는데,
혹시 회의 자료 10부만 출력해 줄 수 있어?"*

옆자리 동료에게 출력을 부탁했습니다. 그런데 동료도 일이 바빠서 출력을 못한다고 거절했습니다. 이때, '일이 바빠서'라는 거절의 이유보다 '출력을 해줄 수 있는지 없는지'가 더 중요합니다. 안 된다고 하면 출력이 가능한 다른 동료를 빠르게 찾아야하기 때문이죠.

그러니 거절을 할 때는 이유를 구구절절 설명하는 것에 초점을 맞추지 마세요. 거절의 핵심은 상대방이 나의 이유를 이해하는 것이 아니라, 의사를 명확하게 전달하는 것입니다. 짧고 분명하게 거절하는 법에 익숙해지세요. 잘 거절하는 것은 나를 지키는 방법이 되기도 합니다.

물론, '싫어.', '안됩니다.' 이렇게 단답식으로 말하면 안되겠죠? 상대방이 나에게 제안한 것에 대한 감사, 혹은 부탁을 거절한 것에 대한 미안함을 먼저 표현하고, 정중하게 거절의 표시를 합니다. 이때, 장황하지 않은 이유를 1줄 덧붙이면 좋습니다. 가능하면 대안을 제시하는 것도 좋겠죠?

거절 멘트 예시 : 감사/사과 표현 + 정중한 거절 + (가능하면) 대안 제시

예시 1

"제안해주셔서 감사합니다. 하지만 이번에는
다른 일이 있어서 어렵습니다. 2주 뒤의 일정으로는 어떠실까요?."

예시 2

"초대해줘서 고마워! 그런데 이번 주말엔 이미 일정이 있어서 어렵겠어.
다음에 기회가 되면 보자!"

이처럼 짧고 분명하게 거절하면 상대방도 부담 없이 받아들일 가능성이 큽니다. 관계를 지키면서도 나의 경계를 명확히 하는 것이야말로 건강한 대화의 시작입니다.

04

칭찬 받아들이기

 칭찬을 받아들이기 어려워하시는 분들을 참 많이 만났습니다. 왠지 칭찬을 받아들이면 자신을 과시하는 것처럼 느껴지기 때문일 것입니다. 저의 친한 친구도 칭찬을 받아들이는 것이 너무 어렵고 어색하기까지 하다고 합니다. 이 때문에 아예 대답을 못하고 회피해버린 적도 있다며 고민을 털어놓더라구요.

 하지만 칭찬을 건넨 사람에게 제대로 답을 하지 않거나 '아니에요.' 라고 부인하는 대답을 하면 칭찬한 사람은 무안함을 느낄 수 있습니다. 칭찬을 자연스럽게 받아들이는 몇 가지 방법을 소개해 드리겠습니다.

가장 쉬운 방법은 고마움을 표현하는 것입니다. "고맙습니다"라고 간단하게 말하는 것만으로도 칭찬을 진심으로 받아들이는 모습을 보여줄 수 있습니다.

"옷이 정말 잘 어울려요!" ⇒ "아니에요."

보다는

"감사합니다, 그렇게 말해주시니 기쁩니다."

라고 대답해보세요. 이렇게 말한다고 해서 상대방이 당신을 거만한 사람으로 인식하지 않을 겁니다.

그럼에도 그저 칭찬을 덥석 받아들이는 게 조금 부담스럽게 느껴진다면, 뒤에 겸손의 말을 붙여보세요.

"이번 프로젝트 너무 잘해줬어요."
⇒ "좋게 봐주셔서 감사합니다. 아직 부족한 부분이 많습니다, 더 열심히 해보겠습니다."

세 번째, 칭찬을 받아서 어색하거나 부끄러운 감정 혹은 기쁜 감정을 솔직하게 표현해보는 것도 좋은 방법입니다. 부끄러워 대답을 회피해버리는 것보다는 솔직한 나의 감정을 표현하는 게 더 매력적입니다.

"그런 말을 들으니 부끄럽네요, 감사합니다."
or "칭찬해주시니 너무 기쁘네요."

네 번째, 좀 더 과장해서 유머스럽게 받아치는 방법도 있습니다.

칭찬을 받아들이는 게 조금 익숙해진 다음이나 혹은 친한 친구들 사이에서 활용해볼 수 있는 방법입니다. 예를 들어, "오늘 머리 되게 잘 어울린다!" 라는 말에 웃으며 과장된 행동으로 머리를 찰랑 넘기며 "이게 나야~" 이렇게 하는 것이죠.

마지막으로 내가 들인 노력을 언급하는 방법입니다.

"오늘 머리 되게 잘 어울린다!"
⇒ "나 이 머리 하느라 오늘 1시간 동안 드라이기를 잡고 있었어."

이 방법은 직장 등에서 나의 노력을 은근히 비춰야하는 상황에서도 굉장히 효과적입니다.

"발표 정말 좋았어요."
⇒ "어제 밤새 열심히 준비한 보람이 있네요, 감사합니다."

칭찬을 잘 받아들이는 핵심은 자신감을 가지고 감사한 마음으로 반응하는 것입니다. 칭찬을 진심으로 받아들이고, 상대방에게 감사의 표시를 해보세요. 상대방도 훨씬 더 기분 좋아할 거예요.

05

죽고 싶다는 사람과의 대화

만나기만 하면 자신의 불행한 상황을 늘어놓으며 죽고 싶다고 토로하던 친구가 있었습니다. 심지어 스스로 목숨을 끊을 수도 있을 것 같다는 암시를 하는 등 매우 불안정한 상황이었죠. 진심으로 그 친구를 돕고 싶었지만, 흔히 하는 조언이 그에게는 전혀 도움이 되지 않을 때가 많았습니다. 우울증을 겪고 있는 사람에게 "힘내", "생산적인 일을 해봐", "자존감을 올려야 해" 같은 말은 오히려 부담이 될 수 있습니다.

한 번은 '아침에 침대에서 나와 산책을 해봐!'라고 제안을 한 적이 있습니다.

'침대라는 늪에 빠져 나올 수가 없는 느낌이야. 일어나는 것조차 너무 힘들어.'라는 답변이 돌아왔죠.

즉, 이러한 조언은 상대방이 더 깊은 무력감을 느끼게 만들거나, 자신의 감정을 제대로 이해받지 못한다고 생각하게 만들 수도 있습니다. 그렇다면 어떻게 대화를 해야 할까요?

1. 감정을 있는 그대로 인정하기

우울감을 호소하는 사람에게 가장 필요한 것은 자신의 감정이 존중받고 있다는 느낌입니다. "그 정도로 힘들구나.", "많이 괴롭겠어."처럼 상대방의 감정을 있는 그대로 받아들이고 공감해 주는 것이 중요합니다.

2. 해결하려 하지 말고 경청하기

우리는 흔히 상대의 문제를 해결해 주려고 하지만, 사실 많은 경우 해결책보다는 그냥 들어주는 것이 더 큰 도움이 됩니다. "그렇게 말해줘서 고마워.", "말하기 쉽지 않았을 텐데, 용기 냈구나."와 같이 상대가 속마음을 표현한 것 자체를 인정해 주는 것도 좋은 방법입니다.

3. 언제나 함께한다는 점을 인지하게 해주기

우울증을 겪는 사람들은 혼자라고 느끼는 경우가 많습니다. "혼자 힘들어하지 않아도 돼.", "내가 곁에 있을게." 같은 말로 지지를 표현해 주는 것이 좋습니다.

중요한 것은 우리가 상대방의 감정이나 상태를 바꾸려고 하면 안 된다는 것입니다. 그 감정을 함께할 수 있는 존재가 되어주고, 스스로 변할 때까지 곁에서 지켜줘야 합니다.

드라마 〈멜로가 체질〉의 등장인물 중 이은정(전여빈 배우)은 사랑하는 남자 친구와의 사별 후 힘든 시간을 겪습니다. 자살을 시도하는 그녀를 남동생이 발견했고, 이후 은정을 돌본다는 이유로 그녀의 남동생과 절친 2명(임진주, 황한주)은 다 같이 그녀의 집에서 같이 동거하게 됩니다. 은정은 죽은 남자친구의 환영과 이야기를 할 만큼 힘든 시간을 겪습니다. 하지만 남동생과 절친 2명은 은정에게 해결책을 제시하거나 나무라지 않고 묵묵히 곁을 지켜줍니다. 주변의 도움으로 자신의 처지를 직면하게 된 은정은 점점 아픔을 이기려고 노력합니다.

우울이라는 바다에 빠져 끝없이 힘듦의 파도를 겪어내고 있는 사람에게 우리가 해줄 수 있는 가장 큰 응원은 그들의 감정을 있는 그대로 받아들이고, 무언가를 바꾸려 하기보다 함께 있어 주는 것입니다. 때로는 그 어떤 말보다도 곁에서 조용히 함께하는 존재가 더 큰 힘이 되기도 합니다. 변화는 강요로 이루어지는 것이 아니라, 충분한 공감과 지지 속에서 자연스럽게 찾아오는 법이니까요. 누군가가 힘들어하고 있다면, 정답을 알려주려 하기보다 그들의 마음을 이해하고, 외롭지 않게 곁을 지켜주세요. 그것이야말로 진정한 위로가 아닐까요?

06

나쁜 소식을 전해야할 때

 안 좋은 소식을 전할 때는 그 어떤 때보다 신중하고 세심하게 접근하는 것이 중요합니다. 나쁜 소식은 일반적으로 스트레스를 유발하거나 심리적인 고통을 일으킬 수 있기 때문에, 그 소식을 어떻게 전달하느냐에 따라 상대방의 감정 상태와 이후의 행동에 큰 영향을 미칠 수 있습니다.

 하지만 그렇다고 해서 돌려서 말하거나, 아예 말하지 않으면 추후 문제가 더 크게 발생할 수 있기 때문에 최대한 직접적이고 간결하게 말해야 합니다.

먼저, 차분하고 부드러운 어조로 시작하는 것이 중요합니다. 이미 내용 자체가 충격적일 수 있기 때문에, 말투에 감정을 최대한 섞지 않고 차분하게 이야기해야 합니다. 그리고 상대방의 감정을 고려하여, 그 사람이 너무 큰 충격을 받지 않도록 조심해야 합니다. 본론을 시작하기 전에 "안타까운 소식을 전하게 됐습니다."라며 마음의 준비를 할 시간을 제공해보세요.

그런 다음, 현 상황에 대해 솔직하고 간결하게 설명을 해주세요. 돌려서 말하거나 애매하게 전달하는 것은 오히려 상대방을 더 혼란스럽게 만들 수 있습니다. 상황에 대한 나쁜 소식을 전한 후, 상대의 감정을 이해하는 말을 덧붙여보세요. 예를 들어, "이 상황이 정말 힘드실 것 같아요." 라고 공감의 언어를 사용하는 것이죠. 그리고 그들 스스로 생각을 정리할 수 있도록 시간을 충분히 주는 것도 필요합니다.

마지막으로 대안을 제시할 수 있다면 좋습니다. 현 상황은 나쁘지만 긍정적인 미래를 함께 도모해보자는 의미입니다.

예시로 한 상황을 가정해보겠습니다. 직장에서 상사나 동료에게 예산 삭감으로 인해 프로젝트를 더 이상 진행할 수 없다는 소식을 전할 때입니다.

"안타까운 소식을 전하게 됐습니다. 이번 프로젝트 예산이 대폭 삭감되면서 더이상 진행하지 못하게 되었습니다. 이로 인해 팀의 업무도 조정해야 할 것 같습니다. 한 달 넘게 고생해주셨는데, 이렇게 말씀드리게 되어 정말 죄송합니다. 향후 다른 프로젝트나 방법에 대해 함께 논의할 수 있으면 좋겠습니다."

이는 서비스 직군에서도 많이 사용하는 방법입니다. 기내식을 서비스하는 승무원의 예시를 들어보겠습니다. 차례대로 배식을 했는데, 인기 메뉴인 비빔밥이 품절되었습니다. 그런데 다음 손님이 비빔밥을 요구합니다. 이때도 같은 방식을 사용할 수 있습니다.

- 안타깝지만, 죄송하지만 ← 쿠션어를 활용해 충격 방지
- 현재 비빔밥이 솔드아웃되었습니다. ← 현 상황에 대해 간결한 설명
- 오래 기다리셨을텐데, 원하시는 음식을 제공드리지 못해 죄송합니다. ← 상대의 감정에 공감
- 고추장은 여분이 있어서 가져다 드릴 수 있는데 그렇게 도와드릴까요? ← 대안 제시

- 다음 기내식 서비스 때는, 손님이 원하시는 메뉴를 하나 킵해두도록 하겠습니다. 양해해주셔서 감사합니다.

이렇게 말하면 상대방은 아무리 좋지 않은 소식이더라도 잘 받아들일 것이고, 더 나아가 문제 해결을 위한 건설적인 대화로 이어질 수 있습니다. 불필요한 갈등이나 오해를 초래하지 않도록, 신중한 언어 사용과 세심한 배려로 대화를 이끌어 가보세요. 상대방이 더 쉽게 이해하고 받아들일 수 있게 됩니다.

민감한 주제는
어떻게 대화해야 할까?

대화를 하다 보면 논쟁의 여지가 있는 주제가 나올 때가 있습니다. 정치, 종교, 사회적 이슈 등은 특히 예민한 반응을 일으킬 수 있는 주제들이죠. 이러한 민감한 주제에 대해 잘못된 접근을 하면 상대방을 불편하게 만들 수 있으며, 심지어 대화가 끊어지거나 심한 경우 관계까지 틀어질 수도 있습니다. 그렇다면 민감한 주제가 나왔을 때, 어떻게 하면 조심스럽게 대화를 잘 이끌어갈 수 있을까요?

먼저, 본격적인 대화를 시작하기 전에 "이건 좀 민감할 수도 있는 얘기인데요." 혹은 "이 주제에 대해 이야기를 나누는 것이 조금 부담스러울 수도 있을 것 같아요."라고 말해보세요. 이렇게 말하면 상대방은 심리적으로 준비할 시간을 가질 수 있습니다. 상대방에게 그 주제가 어려운 문제일 수 있음을 인식시키고, 그로 인해 발생할 수 있는 불편함을 미리 대비할 수 있도록 도와줍니다.

두 번째 방법은 대화가 시작된 이후, 나의 의견을 말할 때의 상황입니다. 나의 주장 앞에 "이건 제 개인적인 생각인데요…"를 덧붙여 말해보세요. 유튜브 뜬뜬의 '풍향고'라는 콘텐츠는, 유재석, 지석진, 황정민 그리고 양세찬 4명이 어플 없이 베트남 여행을 떠나는 프로그램입니다. 무더운 날씨 속에서 의견이 엇갈리고 예민해지는 순간들이 찾아오곤 하는데 이때마다 양세찬님이 "개인적으로" 라는 말을 자주 사용하시더라구요. 3명의 형이자 선배들과 함께 여행하면서 그들의 의견을 묵살하지 않으면서도 본인의 의견을 표현하는 좋은 방법이라고 생각했습니다. 민감한 주제가 나왔을 때도 마찬가지로 적용할 수 있습니다. 자신이 주장하는 의견이 절대적인 정답은 아니며, 개인적인 생각에 불과함을 명확히 하면 상대방도 감안하고 들을 것입니다. 반대로 민감한 주제에 관해 "이렇게 하는 게 맞지!, 그건 틀리지!"라며 본인의 말이 절대적인 정답인 것처럼 말하는 것은 의견이 다른 상대방과의 대화에서는 피하는 것이 좋습니다. 자칫 싸움으로 번질 수도 있어요.

세 번째, 상대방의 의견을 물어보는 것입니다. "개인적으로 ~~~하는 게 맞다고 보는데, 이 부분에 대해 어떻게 생각하세요?"와 같은 질문을 통해 상대방이 스스로 의견을 표현할 수 있도록 유도해 보세요. 설령 상대방이 나와 다른 관점을 갖고 있다고 하더라도, 먼저 의견을 물어봐준다면 자연스레 마음을 열 것입니다.

마지막으로 민감한 주제를 대화할 때는 대화의 목표를 명확히 하는 것이 중요합니다. "우리는 서로 다른 의견을 가질 수 있지만, 이 대화를 통해 서로의 입장을 이해하려고 노력하고 있어요"라고 말함으로써, 대화가 논쟁이 아니라 상호 이해의 과정임을 분명히 할 수 있습니다. 이렇게 하면 상대방은 해당 대화를 논쟁이 아닌, 건설적인 대화로 받아들이게 됩니다.

chapter 5

대중 앞에서 말하기

많은 사람 앞에 선다는 건 생각보다 훨씬 더 긴장되고, 손끝까지 떨리는 일입니다. 심장이 두근두근 뛰고, 입이 바짝 마르기도 하죠. 하지만 기억해주세요.
무대에 서는 순간, 긴장되는 건 누구나 마찬가지라는 것. 잘하고 싶은 마음이 크다는 증거이고, 말로써 무언가를 전달하고 싶다는 진심이 있기 때문입니다.
이 장에서는 그 떨리는 순간을 딛고, 청중에게 내 말을 잘 전달할 수 있는 스피치 기술들을 소개합니다. 내용을 따라가다 보면 대중 앞에서 말하는 일이 조금은 덜 두렵게 느껴질 거예요.

01

긴장했음을
솔직하게 받아들이기

많은 사람 앞에서 말한다는 것은 당연히 긴장되는 행위입니다. 세계적으로 유명한 연설가도 분명히 떨릴 것입니다.

비대면으로 100명의 녹음본을 피드백해드린 적이 있습니다. 수만 명의 관중으로 가득 찬 경기장 한복판에서, 혼자 카메라 앞에서 본 경험이 있는 저조차도 피드백을 시작하기 전에는 늘 긴장됐습니다. 비록 온라인이지만, 100명의 목소리를 듣고 그에 맞는 피드백을 하는 과정은 마치 100명의 관중 앞에 홀로 무대에 오르는 것처럼 떨리고 부담되는 순간이었습니다.

제가 굳이 이 말씀을 드리는 이유는 뭘까요? 바로, 누구나 대중 앞에서 말하는 것은 떨린다는 것입니다.

그러니 너무 긴장된다면 솔직하게 인정해보세요.

"제가 지금 조금 긴장이 되네요…!"

이는 마법의 문장입니다. 이 말을 내뱉은 순간 긴장해서 목타는 모습, 심호흡하는 모습 등이 사람들에게는 '진정성'으로 느껴질 겁니다. 왜냐하면 누구나 그 순간을 겪었을 것이니 때문입니다. 공감의 감정을 이용하는 것이죠.

긴장을 풀기 위해 심호흡을 하는 것은 아주 효과적입니다. 과도하게 긴장을 했을 때, 호흡이 짧아지고 심장이 빨리 뛰었던 경험이 한 번쯤 있으실 겁니다. 호흡은 소리의 재료입니다. 호흡이 짧아지면 말을 제대로 할 수 없어요. 우선, 호흡을 진정시키는 것이 중요합니다. 무대 위에 올라갔을 때, 과도한 긴장으로 숨이 짧아져 호흡이 찬다면 1-2초 정도 숨을 크게 들이쉬세요. 숨을 쉬는 동안의 1-2초가 발표자에게는 1-2분으로 길게 느껴지겠지만, 말을 듣는 청중들은 인지하지 못할 정도의 짧은 시간입니다.

말을 시작하기 전에 심호흡을 하고 천천히 첫마디를 시작하는 것이 가장 좋습니다. 말을 하는 중간에 또 호흡이 불안정하다고 생각되면 다시 한 번 길게 숨을 들이쉬세요. 그래도 괜찮습니다.

02

말하기의 시작,
인사

"아무도 제 말에 집중하지 않을 것 같아요."

다대일 상황에서 이야기를 시작해야 할 때, 누구나 느끼는 걱정일 것입니다. 아무리 완벽하게 발표 준비를 했더라도, 만약 내 이야기를 들어주는 사람이 없다면 그 모든 준비는 아무런 의미가 없어지기 때문입니다. 저에게도 그런 순간이 있었습니다. 아나운서로서 처음 행사를 진행했던 날, 그 기억이 아직도 생생합니다. 첫 행사부터 구청장 취임식이라는 대형 의전 행사를 맡게 되었죠. 보통 초보 사회자에게는 이렇게 규모가 큰 의전 행사를 맡기지 않습니다. 왜냐하면 무대 장악력이 부족하다고 여겨지기 때문입니다. 또한, 만약 실수를 하게 되면, 그 실수는 치명적일 수 있고, 업계에서 신뢰를 잃게 되어 바로 퇴출될 위험도 있죠. 예를 들어, 정당 이름을 반대로 말하거나, 의원들의 이름을 잘못 발음하는 것만으로도 큰 문제가 될 수 있습니다. 그날, 저는 행사 경력이 전무한 상태에서 약 600명의 내빈들이 제 말에 귀 기울이지 않으면 어쩌나 하는 걱정에 빠졌습니다. 그만큼 모든 사람들의 관심을 한 번에 끌어야 한다는 압박감은 매우 컸습니다. 과연 그 긴장감 속에서 제 이야기가 잘 전달될 수 있을지, 불안한 마음으로 시작했죠.

하지만 그날 행사 후, 3년이 지난 지금까지도 그 구의 주요 행사들을 도맡아 하게 되었고, 다양한 러브콜을 받게 되었습니다. 그 비결은 무엇일까요? 바로 '인사'였습니다.

공적인 자리에서의 첫인사는 청중의 집중력을 높이고, 신뢰를 얻기 위한 중요한 시작이 됩니다. 우선, 10명 이상의 청중이 모인 자리에서 분위기가 어수선할 때는, 말을 내뱉기 전에 잠시 마이크를 톡톡 건드리거나 작은 헛기침을 해보세요. 이 작은 행동만으로도 청중의 시선을 잠시 끌 수 있습니다. 중요한 것은 그 후, 청중의 약 50% 이상이 나에게 시선을 돌릴 때까지 기다리는 것입니다. 이때, 2초간 정적을 유지하는 것이 효과적입니다. 때로는 짧은 정적이 오히려 청중의 집중을 높여줄 수 있습니다.

만약 여전히 청중이 어수선하다면, "잠시 앞쪽을 주목해주시기 바랍니다."라고 정중하게 부탁해보세요. 그 후, 다시 한 번 2초간 정적을 유지해 보세요. 이렇게 하면 대부분의 청중은 자연스럽게 발표자나 사회자를 주시하게 될 것입니다. 이때, "안녕하십니까?" 혹은 "안녕하세요?"라고 망설임 없이 발음하는 것이 중요합니다. '망설임 없이'가 중요한 포인트입니다. 망설임 없이 말하는 것은 자신감과 연관이 있습니다. 아래의 방법을 통해 내 말을 명확하게 전달할 수 있습니다.

1. 정확한 발음 만들기

"안녕하십니까?"의 '안녕'에서 받침발음인 'ㄴ(니은)'과 'ㅇ(이응)'이 명확하지 않으면 "아녀하십니까"와 같이 부정확하게 들릴 수 있습니다. 모음 발음 또한 중요한데, '안녕'에서의 'ㅏ'와 'ㅕ'가 흐릿하게 발음되면 "은늉하십니까"처럼 들릴 수 있습니다. 웅얼웅얼 이야기하는 듯하면 청중은 내 말에 집중하지 않을 거예요.

2. 포물선 리딩 기법

발음만큼 중요한 것이 바로 자연스러운 흐름입니다. "안녕하십니까?"라는 표현을 할 때, 포물선 리딩 기법을 적용하는 것이 효과적입니다.

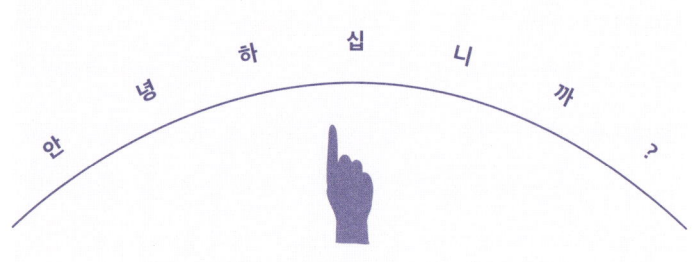

이 기법은 말할 때 처음부터 끝까지 부드러운 곡선을 그리듯이 발음하는 방법입니다. 이렇게 하면 듣는 이에게 안정감과 긍정적인 인상을 줄 수 있습니다. 연습할 때는 손으로 포물선 형태를 그리면서 발음을 내보세요. 예를 들어, "안녕하십니까?"를 발음하면서 손을 위로 향하는 포물선 모양으로 그리면, 음성 흐름이 자연스러워질 것입니다. 이 포물선 리딩을 하지 않으면 갑자기 어린아이같은 말투가 됩니다. 초등학생들에게 자기소개를 해보라고 하면, 공통된 특징이 발견되는데요.

안녕하세요! 저는! 1학년! 1반! 김철수입니다!

이렇게 단어 뒤쪽이 강조됩니다. '요, 는, 년, 반, 다' 보다 '안녕, 저, 1, 1, 김철수'라는 정보가 더 중요합니다. 강세는 중요한 쪽에 붙어야합니다. 그래야 잘 들리기 때문이죠. 요,는,다에서 급격하게 음이 올라가거나 소리가 커지면 중요한 정보인 이름 등이 들리지 않고 묻힐 수 있습니다.

⇒ **안녕**하세요. **저**는 **1**학년 **1**반 **김철수**입니다.

연습 방법: 안녕하세요, ○○○입니다.

1. '하세요'와 '입니다'를 떼고, 〈안녕, ○○○〉만 10번 반복한다.
2. 손으로 위로 향하는 포물선 형태를 그리며 흐름을 연습한다. (안녕하세요 × 1번, ○○○입니다 × 1번)
3. 흐름이 익숙해졌으면, 손의 도움없이 인사해본다.

인사할 때는 태도도 매우 중요합니다. 고개를 숙이면서 "안녕하세요"라고 말하면 소리가 묻히고, 자신감이 없어 보일 수 있습니다. 말을 먼저 끝내고, 그 후에 고개를 숙이는 것이 올바른 순서입니다. 아나운서들은 행사를 시작할 때 "반갑습니다. 오늘 사회를 맡은 아나운서 ○○○입니다."를 끝까지 말한 후, 단상 옆으로 살짝 나와 고개를 숙입니다.

03

웃음 머금고 말하기

"웃으면서 말을 하는데 왜 이렇게 어색할까요?"

대부분의 사람들은 웃는다고 하면 입꼬리를 가로로 찢어 올리는 것만 떠올립니다. 하지만 문제는 여기에서 시작됩니다. 단순히 입꼬리만 올리면, 표정 전체가 웃는 느낌을 주지 못하기 때문에 오히려 어색하고 부자연스러워 보이죠. 특히, 눈이나 얼굴의 다른 근육이 웃음에 동참하지 않으면, 사람들에게는 "입만 웃고 있다"는 느낌을 주기 쉽습니다. 심지어 이런 경우는 어색함을 넘어 조금 무섭게까지 느껴질 수 있습니다.

웃으면서 자연스럽게 말하기 위해서는 얼굴의 다양한 근육을 함께 사용하는 것이 중요합니다. 입꼬리뿐 아니라 광대, 눈썹, 그리고 눈까지 표정 전체가 웃는 느낌을 만들어야 합니다.

야구 하이라이트 프로그램을 진행하던 시절, 선배가 저의 방송을 모니터링하신 후 이런 말씀을 하셨습니다. "너무 과하게 웃지 마." 당시 저는 카메라에서 제 표정을 더 잘 보여주기 위해 평소보다 두 배 이상 입꼬리를 과도하게 올리곤 했습니다. 하지만 그렇게 과장된 웃음은 오히려 역효과를 냈습니다. 입술을 옆으로 찢으니 입안의 공간이 좁아져서 납작한 소리가 났던 것이죠. 납작한 소리는 공명감 있고 부드러운 목소리의 반대라고 생각하면 됩니다. 그때부터 저는 자연스러운 웃음을 연구하기 시작했습니다.

먼저, 카메라 앞에서 웃는 모습을 가장 자연스럽게 연출하는 사람들이 누구일지 고민해봤습니다. 제 답은 바로 음악방송을 촬영하는 아이돌이었습니다. 소위 '엔딩요정'이라고 불리는 아이돌들은 카메라를 향해 찰나의 순간에 가장 매력적인 표정을 짓습니다. 특히, 춤을 추고 난 뒤의 약간 숨이 찬 느낌과 벅찬 감정이 얼굴에 고스란히 묻어납니다. 그들의 표정을 연구하며 특히 얼굴의 광대에 주목했습니다. 광대가 올라가고, 눈썹과 눈이 살짝 위로 당겨지면 자연스럽게 입 주변의 근육도 위로 올라가면서 입이 웃는 형태를 띠게 됩니다. 이것이야말로 억지스럽지 않고 자연스러운 웃음의 핵심이었습니다.

혹시 지금 주위에 아무도 없이 혼자 책을 읽고 있다면, 들숨을 짧게 들이쉬며 '하!' 소리와 함께 광대와 눈을 위로 올려보세요. 무표정일 때, 아래로 축 처져있던 볼 근육과 눈썹 근육이 올라가며 생동감 있는 표정이 나올 것입니다.

저는 "웃으면서 말하라"는 표현보다는 "웃음을 머금고 말하라"는 표현을 더 자주 사용합니다. 이는 억지로 웃기 위해 입꼬리를 찢는 것이 아니라, 진심 어린 표정과 감정을 담아 말에 웃음이 묻어나오게 하는 방법입니다. 표정이 자연스럽게 지어지면, 말에도 따뜻함과 부드러움이 스며들게 됩니다. 결국 우리가 지향해야 할 '웃으며 말하기'란, 억지로 웃으려는 노력이 아니라 표정 전체로 만들어진 웃음이 말에 자연스럽게 스며드는 상태를 의미합니다. 또한, 웃으면서 밝게 이야기를 하려고 과도하게 목소리 톤을 높이는 분들도 있습니다. 자신의 퍼스널보이스톤과 맞지 않게 음을 높여버리면 듣기에 안 좋을 뿐만 아니라 금세 목이 아파질 수 있으니 절대 금물입니다. 심지어 소리가 나오는 위치가 입에서 코로 올라가게 돼 앵앵거리는 느낌까지 날 수 있어요.

밝게 말한다 = 높은 톤으로 말한다가 아닙니다.

밝게 말하는 것은 표정으로 하는 것입니다. 1장에서 설명드린 '퍼스널보이스톤 찾기'에서 찾은 내 톤에서 아이돌 엔딩표정을 탑재하고 말해보세요. 과하지 않게 자연스러운 밝은 느낌이 전달될 것입니다.

04

몸짓도 언어다

대중 앞에서 말할 때 비언어적 표현, 즉 몸짓과 제스처는 말만큼이나 중요한 역할을 합니다. 발표를 잘하기 위해 우리는 원고의 내용을 다듬고 목을 풀지만, 실제로 사람들에게 강한 인상을 남기는 것은 말의 내용뿐만 아니라 전달 방식입니다. 이때, 몸짓은 우리의 의도를 더욱 분명하게 전달해 주는 강력한 도구가 됩니다.

적절한 제스처를 활용하면 청중의 집중력을 높이고, 말의 의미를 더욱 효과적으로 부각할 수 있습니다. 하지만 무의식적으로 손을 과하게 움직이거나 불필요한 몸짓을 반복하면 오히려 방해가 될 수 있죠. 따라서 제스처를 효과적으로 사용하는 법을 익히는 것이 중요합니다.

제스처를 사용할 때 가장 중요한 요소 중 하나는 팔꿈치와 몸 사이의 거리입니다. 팔을 몸에 너무 붙이면 오히려 자신감이 없고 소극적으로 보일 수 있고, 반대로 너무 크게 움직이면 과장된 느낌을 줄 수 있습니다. 이 균형을 적절하게 조절해야 자연스러우면서도 효과적인 표현이 가능합니다.

팔꿈치는 몸에 너무 붙이지 않고, 팔과 몸의 각도가 30도에서 90도 사이를 유지를 해야합니다.
90도보다 더 벌어지게 되면, 팔의 위치가 너무 위로 올라가게 되어 오히려 부자연스러워보입니다.

또한, 제스처를 사용할 때는 생각했던 것보다 길게 표현하고 멈 칫거림 없이 자연스럽게 동작해야 합니다.
이는 발표 시 자신감을 전달하는 데 도움이 됩니다.
예를 들어, "정확도가 무려 99.8%!"라는 문장을 이야기할 때, 99.8%[구십구쩜팔퍼센트]에서 제스처를 사용해본다고 가정해봅시다. 이때 '구'에서 손을 올리고 '트'를 내뱉을 때까지 유지하고 있어야 합니다. 하지만 많은 사람들이 '구'에서 손을 올리고 '십'에서 바로 손을 내려버리는 실수를 합니다. 이렇게 빨리 손을 내려버리면 오히려 자신감이 없어보입니다. 강조하고자 하는 단어가 끝날 때까지 들고 있는 손은 멈춰 있어야 하며, 이렇게 해야 급한 느낌을 줄일 수 있습니다.

그리고 제스처를 조잡하게 여러번 반복하면 내용이 어색하게 비춰질 수 있으므로, 특히 손을 뻗는 제스처는 2-3문장마다 1번만 하는 것이 바람직합니다. 몸 가까이에서 여러 번 반복하는 제스처는 안하느니만 못합니다.

PPT 자료가 발표자 뒤에 있을 때는 몸의 방향을 살짝 틀어 손제스처를 취하는 것이 효과적입니다.

기상캐스터가 날씨 방송을 할 때를 떠올리면 이해하기 쉬울 겁니다. 손 제스처와 함께 고개 끄덕임을 활용하면 더 효과적인 의사소통이 가능합니다. 손을 뻗음과 동시에 고개를 1번 끄덕여주는 것이죠. 이때, 고개도 너무 많이 끄덕이면 부산스러워보이겠죠? 이를 참고하여 대중 앞에서 말할 때도 손과 팔의 움직임을 신중하게 조절하면 보다 설득력 있고 신뢰감 있는 인상을 줄 수 있습니다.

05

집중력 끌어올리는
눈맞춤 3 point

아이컨택은 대중 앞에서 말할 때 청중과의 연결을 형성하는 가장 강력한 도구 중 하나입니다. 우리가 누군가와 대화를 나눌 때 눈을 맞추면 신뢰가 형성되고, 상대방이 내 말에 집중하고 있다는 느낌을 받습니다. 발표 상황에서도 마찬가지입니다. 눈을 마주치는 것은 단순한 시선 처리가 아니라 청중과의 소통을 의미합니다. 아이컨택이 부족하면 발표자는 불안하거나 자신감이 없어 보일 수 있으며, 청중 또한 소외감을 느낄 수 있습니다. 반면, 적절한 아이컨택은 발표자의 메시지를 더욱 설득력 있게 만들고, 듣는 사람들에게 신뢰를 심어줍니다.

아이컨택을 자연스럽게 하기 위해서는 3개의 꼭짓점을 상상 속에서 만들어내야합니다.

같은 사람과 오랫동안 눈을 마주치는 것은 부담을 줄 수 있으므로 여러 명을 차례로 바라보며 자연스럽게 시선을 이동하는 것이 좋습니다. 세 개의 꼭짓점인 왼쪽 → 가운데 → 오른쪽을 번갈아가며 2초간 응시해주세요. 이때 너무 빨리 움직이지 않는 것이 중요합니다.

거리와 청중의 수에 따라 시선 처리 방식이 달라지며, 소수의 청중에게는 그들의 눈을 응시하는 것이 효과적입니다. 예를 들어, 면접과 같은 상황에서는 면접관과 눈빛을 교환하는 것이 중요합니다. 왼쪽에 앉은 면접관의 눈 2초 → 가운데에 앉은 면접관의 눈

2초 → 오른쪽에 앉은 면접관의 눈 2초 → 다시 가운데 → 왼쪽 → 가운데 → 오른쪽…이때, 2초가 어느 정도인지 인지하기 어렵다면 한 꼭짓점마다 한 단어를 읽는 것으로 대체해 생각할 수 있습니다. 10-15명 이상의 많은 대중 앞에서는 허공을 바라보는 것도 유효하지만, 거리가 가까운 경우에는 눈을 바라보는 것이 필요할 수 있습니다.

연습
'국내 최초&최대 규모의 스피치 챌린지 드림메이트입니다'

왼쪽	가운데	오른쪽
국내 최초	최대 규모의 스피치 챌린지	드림메이트입니다.

아이컨택을 잘하기 위해서는 발표하고자 하는 내용을 암기하는 것이 우선되어야 합니다.

효과적인 암기 방법을 하나 소개해드리겠습니다. 바로, 키워드 암기법입니다.

스포츠 아나운서는 경기장에서 리포팅을 할 때, 1분 분량의 원고를 직접 작성한 후 외워서 방송합니다.

이때 A부터 Z까지 글자 하나하나를 다 외우려고 하면 잘 안 외워질 뿐만 아니라, 방송을 할 때 외운 티가 너무 많이 납니다. 따라서 저는 '키워드 암기법'을 활용했습니다.

우선 원고를 작성합니다. 충분히 내용을 숙지한 이후, 각 문단에서 주요 키워드 1-3개를 뽑아냅니다.

키워드만 보고 문장을 만들어내는 연습을 합니다.

사전 리포팅

오늘은 김승기 감독과 전희철 감독의 세 가지 공통점을 찾아봤습니다.

먼저 두 사람 모두 서울 대방초등학교 출신으로

김승기 감독이 2년 선배라고 합니다.

또 은퇴 후 10년 가까이 코치로 지낸 점도 비슷하고요.

마지막으로 각각 터보가드, 에어본이라는 별명을 갖고 농구 전성시대를 이끌었습니다.

오늘은 이 두 감독의 치열한 수싸움에 주목해보셔도 좋을 것 같은데요.

지금까지는 김승기 감독의 완승이었죠?

KGC는 SK만 만나면 유독 강한 모습을 보이며 세 라운드 모두 승리했습니다.

과연 KGC는 오늘도 SK에 강한 면모를 보여줄지,
아니면 SK가 반격을 시작할 지 터보가드와 에어본의 대첩, 시즌 4
지금 시작합니다!

---

ex.
사전 리포팅 (키워드)
세 가지 공통점
서울 대방초등학교 출신
10년 가까이 코치
별명
감독 수싸움 주목
터보가드와 에어본의 대첩 4

이렇게 연습하면 특히 문장이 끝날 때 (~니다), 어색함이 많이 줄어들고 아이컨택과 제스처가 자연스럽게 나올 수 있습니다. 문장 전달력이 올라가는 것은 덤이죠.

하지만 시선의 위치나 머무는 시간보다 더 중요한 것은 마음가짐입니다.

눈에 힘을 주고 "나는 이걸 잘 전달할 거야"라는 마음가짐을 갖고 이야기하세요. 아무리 잘 쳐다본다고 하더라도 눈빛이 흐리멍텅하면 말짱도루묵입니다.

06

숫자 붙여 말하기

글과 달리 말은 한 번 발화되면 공기 중으로 흩어진다는 단점이 있습니다. 글을 쓸 때는 따로 '3가지'를 알려준다고 하지 않아도 문단이 나눠진 모양이나 접속사의 개수 등을 통해 대강 구조가 파악됩니다. 하지만 말은 아니죠. 청중들은 철저히 기억에 의존해 말을 이해하게 됩니다.

예시

성공을 부르는 습관에 대해 이야기해볼까 합니다.

먼저, 아침 루틴을 정해보세요. 성공한 사람들의 공통점 중 하나는 하루를 주도적으로 시작한다는 점이에요. 예를 들어, 일어나자마자 운동, 독서, 명상, 감사 일기 쓰기 같은 루틴을 정하고 실천하면 하루가 더 생산적으로 흘러갑니다. 특히 프리랜서나 자영업자처럼 스스로 시간을 관리해야 하는 사람들에게 필수적인 습관이에요.

다음은 '작은 목표를 정한다'입니다. "10억 모으기!"처럼 거창한 목표보다는, 매일 1시간 공부하기, 한 달에 책 2권 읽기 같은 구체적이고 작은 목표를 정하는 게 중요해요. 이렇게 하면 작은 성공 경험이 쌓이면서 동기부여가 되고, 결국 큰 목표도 달성할 수 있어요

마지막으로 사람들과 적극적으로 교류하는 습관입니다. 혼자만의 노력도 중요하지만, 결국 성공은 사람과의 연결 속에서 이루어져요. 특히, 자신이 목표하는 분야의 사람들과 네트워킹을 하면 더 빠르게 원하는 목표에 다가갈 수 있어요.

글로 봤을 때는, 습관 3가지를 소개하는 것임을 금세 알아차릴 수 있습니다. 하지만 저걸 말로 해볼까요? 머릿속으로 구조화가 되지 않아 전체적인 흐름을 알기 어렵고, 집중력이 흐려집니다.

따라서, 2-3개 이상의 방법을 설명하는 말을 할 때는 숫자를 활용해보세요. 본격적인 설명을 시작하기에 앞서 내가 오늘 몇 개의

방법을 제시할 것인지를 미리 말해주는 것이죠.

"안녕하세요, 오늘은 저의 성공 비결을 말씀드릴게요."
⇒ "안녕하세요, 오늘은 성공을 부르는 저의 **3가지** 습관에 대해
이야기해보겠습니다."

이렇게 시작하면 청중의 머릿속에는 숫자 1, 2, 3이 저절로 그려지게 될 것입니다. 그리고 나의 말을 들으면서 머릿속에 그린 1,2,3 옆에 내용을 하나 하나 채워나갈 것입니다. 구조가 명확해진 말은 집중력을 끌어올릴 수 있습니다. 뿐만 아니라 막연한 설명보다는 "첫째, 둘째, 셋째"로 나누어 말하면 같은 내용이더라도 훨씬 논리적인 느낌을 줍니다. 그리고 슬슬 집중력이 흐려질 때쯤, "이제 마지막 세 번째 방법입니다"라고 하면 자연스럽게 청중이 끝까지 듣게 되는 효과도 줄 수 있습니다.

07

말맛을 살리는 비법

음식에만 맛이 있는 것이 아닙니다. 친구들 중에도 유독 같은 이야기라도 말을 맛있게 하는 친구가 있습니다. 단조롭게 이야기하는 것보다 전달력이 높고, 집중되게 말을 하죠. 이처럼, 말의 맛을 살리는 방법 3가지를 소개합니다.

1. 강약조절

모든 단어에 힘을 준다고 다 잘 들리는 게 아닙니다.

사람들 앞에서 말을 한다고 해서 '강!강!강!강!' 전부 강하게 이야기하면 안 됩니다.

강하게 이야기하는 것이 효과가 있는 이유는 약하게 읽는 부분이 있기 때문이라는 것을 잊지 마세요.

ex.
서명과 필체의 특성을 스스로 분석해 진위 여부를 판별한 결과, 인식 정확도가 99.8%로 나타났습니다.
⇒ 서명과 필체의 특성을 스스로 분석해 **진위 여부**를 판별한 결과, **인식 정확도가 99.8%**로 나타났습니다.

드라마 〈스타트업〉 중

'99.8%'라는 중요한 결과값이 잘 들리게 리딩하기 위한 강세 표시입니다.

볼드 + 큰 글씨: 강, 큰 글씨: 중, 작은 글씨: 약으로 읽어보세요

2. 완급조절

속도를 조절하는 것은 대표적인 강조법입니다. 강조하고자 하

는 단어, 즉 청중이 잘 들었으면 하는 어구는 천천히 읽어보세요. 이때도 마찬가지로 천천히 읽은 부분 뒤에는 후루룩 빠르게 읽어야 대비감으로 인해 효과가 극대화됩니다.

ex. 외출하실 때, **우산** 챙기셔야겠습니다.

'우산'을 읽을 때는 '우'와 '산' 모두 꾹꾹 눌러 정성스럽게 읽고 '챙기셔야겠습니다.'는 대충 빠르게 읽어보세요.

우.산.챙.기.셔.야.겠.습.니.다 같은 속도로 이야기하는 것보다 '우산'이라는 키워드가 잘 들릴 거예요.

3. 포즈 밀당

'포즈 밀당'은 마침표가 있음에도 불구하고 쉬지 않고 넘어가며 관객의 예측을 깨트림으로써 집중력을 높이는 기법입니다. 예측 가능성이 높아지면 청중은 지루함을 느끼고 말에 주의를 기울이지 않게 됩니다. 따라서, 예측을 어렵게 만드는 것이 중요한데요. 이 포즈밀당을 정말 잘 활용하시는 분이 이금희 아나운서입니다.

이금희 아나운서가 진행하는 라디오, '사랑하기 좋은 날, 이금희입니다.'를 들어보면 이 표현법을 정말 자주 사용하십니다.

ex.
모든 서사를 눈빛으로만 설명하는 배우가 있습니다. 얼마나..
흡족한지!
얼마나 먹먹한지.
얼마나 단단한지.
눈빛에다 모든 걸 담아내는
눈빛 요정~!
배우 한지민씨와 함께 합니다.
우리가 마주 앉은 저녁.

라디오 [사랑하기 좋은 날, 이금희입니다] | KBS 250109 방송

모든 서사를 눈빛으로만 설명하는 배우가 있습니다.
(쉬고) 얼마나 흡족한지.

이런 흐름으로 가는 게 보통의 우리가 하는 리딩입니다.
하지만 청중들과 밀당을 해야 합니다. '어? 여기서 문장 끝난 거 아니였어..? 뭐지..?' 하면서 계속 집중을 할 수 있도록 말이죠.

모든 서사를 눈빛으로만 설명하는 배우가 있습니다. 얼마나..
(쉬고) 흡족한지!

이렇게 '배우가 있습니다.' 라는 문장 이후에 숨을 쉬지 않고 그 다음 문장의 첫 단어인 '얼마나'를 단숨에 읽어버리면 사람들은 자연스럽게 집중력을 잃지 않고, 내 말에 집중할 것입니다.

발표를 하거나 면접을 보는 자리에서, 모든 문장을 같은 리듬으로 말하면 듣는 사람은 여러분의 말에 점점 귀를 닫게 될지도 모릅니다. 자칫하면 뻔해질 수 있는 흐름을 비틀어보세요. 다음은 포즈 밀당을 연습할 수 있는 짧은 문장입니다. 문장과 문장 사이, 문장 속 단어와 단어 사이에 쉬어야 할 것 같은 순간에 쉬지 않고 연결하는 연습을 해보세요.

1. 포즈밀당을 적용하지 않은 발표문

안녕하세요 ○○○입니다. /
오늘은 아토피에 대해서 / 말씀드리겠습니다. /
아토피는 / 만성적으로 심한 가려움을 호소하는 피부질환으로 /
대개 생후 2개월 이후에 나타나는데, /
간혹 2세에서 3세에 시작되는 경우도 있습니다.

2. 포즈밀당을 적용한 발표문

안녕하세요 ○○○입니다. 오늘은 /
아토피에 대해서 말씀드리겠습니다. /
아토피는 / 만성적으로 심한 가려움을 호소하는 피부질환으로 /
생후 2개월 이후에 나타나는데 간혹 2세에서 /
3세에 시작되는 경우도 있습니다.

한끗 다른 발표를 만들고 싶다면, 〈오늘은, 간혹 2세에서〉를 앞 문장과 바로 연결해서 읽어보세요. 이게 바로 포즈 밀당이랍니다.

08

실수 했을 때

말을 하다 보면 누구나 실수할 수 있습니다. 중요한 것은 실수를 했을 때 당황하지 않고 자연스럽게 대처하는 것입니다.

스타트업 IR 피칭 데모데이 행사에서 진행을 맡았던 적이 있습니다. 행사 사회자는 녹화 방송이 아닌 실시간 라이브로 진행되죠. 녹화 방송에서는 실수를 하면 다시 촬영할 수 있지만, 라이브 방송에서는 한 번 내뱉은 말을 주워 담을 수 없습니다. 그만큼 실수에 취약하고, 만약 실수를 했더라도 즉흥적인 대응이 중요한 환경입니다.

당시 행사장에는 기업별로 정해진 자리가 마련되어 있었으나, 자리를 표시하는 판넬이 천장에 매달려 있어 참가자들이 이를 쉽게 확인하지 못했습니다. 이로 인해 일부 참석자들이 지정된 좌석을 찾지 못하는 상황이 발생했습니다. 행사 담당자는 즉흥 멘트를 통해 좌석 안내를 해달라고 요청했고, 이에 더해 행사장 뒤편에 마련된 케이터링을 소개하고, 사진 촬영을 위한 소품을 1개씩 가져갈 수 있다는 안내도 함께 해달라고 부탁했습니다.

한 번에 여러 가지 내용을 차분하게 전달하는 것이 관건이었습니다. 그런데, 말을 하던 중 순간적으로 단어를 잘못 발음하는 실수를 했습니다.

> "뒤편에 케이링… 케이터링도 마련되어 있으니
> 자유롭게 즐겨주시면 됩니다."

'케이터링'이라는 단어를 말하려다가 '케이링'이라고 실수한 것이다. 순간 당황했지만, 멈춤 없이 즉시 '케이터링'이라고 정정하고 자연스럽게 진행을 이어갔습니다.

이처럼 말을 더듬었거나 순간적으로 단어가 떠오르지 않아 잠시 멈칫한 정도의 작은 실수를 했을 때, "앗차차! 죄송합니다…ㅠ" 와 같은 반응은 오히려 실수를 더 부각시킬 수 있습니다. 생각보다 청중은 작은 실수에 크게 신경 쓰지 않으므로, 아무 일도 없었던 것처럼 자연스럽게 넘어가는 것이 중요합니다. 그냥 넘어가면 틀린 줄도 모르는 사람이 80% 이상일 거예요.

하지만 단순한 실수가 아닌 중요한 단어를 잘못 말했거나, 잘못된 정보를 제공했을 때는 빠르게 정정하는 것이 필요합니다. 이때, 청중이 반응하기 전에 침착하게 바로잡는 것이 좋습니다.

예시 2
"A사가 ~~했습니다. **정정하겠습니다.**
A사가 아닌 B사의 내용이었습니다."

사회적으로 큰 파장을 일으킬 수 있는 큰 실수를 했다면, 즉시 인정하고 사과하는 것이 최선입니다. 실수를 인정하는 것이 순간적으로 체면이 구겨지는 것처럼 느껴질 수 있지만, 오히려 솔직함이 신뢰를 회복하는 데 도움이 됩니다. 이때 중요한 점은 변명을 하지 않는 것입니다. 변명보다는 짧고 명확한 사과가 효과적입니다.

잘못된 예시

"잘못된 표현을 사용한 점 인정합니다.
하지만 저의 원래 의도는 그런 것이 아닙니다. ~~~"

올바른 예시

"죄송합니다. 표현이 적절치 못했습니다."

chapter 6

관계를 지키는 말하기

좋은 관계는 그냥 유지되지 않습니다. 미묘한 말투 하나에 마음이 닫히기도, 마음이 활짝 열리기도 합니다. 진심과 다르게 튀어나오는 말 한마디로 인해 전하고 싶었던 감정이 오해의 화살이 되어 상대의 마음을 찌를 때가 있습니다. 그러한 말로 관계가 틀어지기라도 하면 우리는 크게 자책하죠.
이 장에서는, 관계를 지키기 위한 태도와 어조에 대해 다룹니다. 무심코 던진 한마디로 상대방과의 거리를 만드는 대신, 조금 더 따뜻하고 분명하게 말해보는 연습으로 단단한 관계를 만들어가봅시다.

01

내 감정을 솔직하게 말하기

우리는 종종 자신의 감정을 솔직하게 표현하기보다, 순간적인 감정에 휩쓸려 속마음과는 다른 반응을 보일 때가 있습니다. 하지만 이러한 반응은 우리가 느끼는 '진짜 감정'과 일치하지 않는 경우가 많습니다. 감정을 올바르게 표현하는 법을 익히면, 불필요한 갈등을 줄이고 건강한 관계를 유지할 수 있습니다.

예를 들어, 연인 관계에서 상대방이 서운한 행동을 했을 때, 이렇게 말하는 사람들이 있습니다.

"됐어. 헤어져."

사실 이 말은 진짜 감정이 아닌 '가짜 감정'에서 비롯된 표현일 가능성이 높습니다. 상대가 한 행동 혹은 말 때문에 상처를 받고 서운했다는 것이 핵심인데, 순간적인 화 때문에 '이 관계를 끝내겠다'는 극단적인 표현을 해버리는 것입니다. 하지만 조금만 들여다보면, 내가 정말 원하는 것은 이별이 아니라 내 감정을 이해받는 것, 그리고 상대가 나를 더 배려해 주길 바라는 마음일 가능성이 큽니다.

앞으로는 감정을 있는 그대로 표현하는 연습을 해보세요. 자신의 감정을 효과적으로 전달하려면, 먼저 무엇이 나를 서운하게 했는지 정확히 짚어보아야 합니다. 그리고 그 감정을 단순한 분노나 짜증이 아니라, 있는 그대로 솔직하게 전달해야 합니다. 저는 좋은 습관 한 가지를 갖고있습니다. 화가 나거나 서운한 감정이 들 때면 바로 카카오톡을 켜지 않고 메모장을 실행합니다. 화가 난 상태로 상대방에게 바로 말을 하면 감정이 정리되지 않은 채, 날선 말들이 나갈 수도 있기 때문이죠. 그러다보면 내가 무엇 때문에 서운했었는지조차 잊어버리게 되는 경우도 있습니다. 불쾌한 감정만을 '표출'하게 되는 것이죠. 우리는 표출이 아닌 표현을 해야 합니다. 카톡이나 전화로 바로 말하기 전에, 메모장을 켜서 1) 상대의 행동 2) 내가 서운한 감정을 느낀 이유 3) 앞으로 어떻게 해줬으면 좋겠는지 이렇게 3가지 포인트를 작성해보세요.

- **표출 表出** 겉으로 나타냄.
- **표현 表現** 생각이나 느낌 따위를 언어나 몸짓 따위의 형상으로 드러내어 나타냄.

이렇듯 표출은 단순히 겉으로 내보내는 것을 의미해요. 한자(出)에서도 알 수 있죠. 한 단어로 내보내는 부정적인 감정 단어들이 표출에 해당할 수 있습니다.

ex. 짜증나! 됐어! 싫어! 미워! 아니야!

이와 달리, 표현은 언어나 몸짓 따위의 형상으로 나타내는 것입니다. 감정을 잘 다듬어 나의 언어로 '표현'해보세요.

표현의 예시
"너가 그렇게 행동해서 서운했어. 존중받지 못하는 기분이 들었어."

이처럼 자신의 감정을 구체적으로 설명하면, 상대방도 방어적으로 반응하지 않고 내가 왜 그런 기분이 들었는지 이해할 가능성이 높습니다. 또한, 내 감정을 인정하는 것만으로도 스스로 감정이 정리되고 상대에게 서운함을 전달하는 과정이 부드러워질 거예요.

불편한 상황에서 감정을 잘 정리해 표현할 수 있는 '나 전달법'도 활용해보면 좋습니다. '나 전달법'이란 내 감정을 솔직하게 표현하는 동시에 상대방을 배려하는 말투입니다. 대화를 하다 보면 무심코 상대방 탓을 하게 될 때가 있습니다. 예를 들어, 친구가 약속을 자주 잊어버리는 상황이 있다고 가정해봅시다. 흔히 "너는 왜 그렇게 약속을 안 지켜?"라고 말할 수 있습니다. 하지만 이렇게 말하면 상대방은 자신이 비난받고 있다고 느낄 수 있죠. 이럴 때 "네가 자꾸 약속을 잊어버리면 나는 서운하고 속상해."라고 말하면, 친구는 비난을 받는 느낌이 아니라 나의 솔직한 감정을 들을 수 있습니다. 또한, 상대가 전문적인 주제나 생소한 용어를 사용해 이해하기 어려운 상황을 떠올려봅시다. 이럴 때 "그게 대체 무슨 말이야?" 보다는 "내가 이해하지 못했어. 다시 설명해줄 수 있어?"라고 말하면 상대방도 부담 없이 대화를 이어갈 수 있습니다. 상대가 사용한 용어에 초점을 맞추는 것이 아닌 이해를 못한 나에 초점을 맞춘 대화입니다.

감정을 표현하는 대화에서 또 한 가지 중요한 점은 '미래지향적인 대화'를 해야한다는 것입니다. 이는 단순히 상대의 과거 말/행동에 대한 불만만을 늘어뜨려놓는 것이 아니라, 앞으로의 관계를 더 좋게 만들기 위해 필요한 것을 요청하는 방식입니다.

연인이 약속을 지키지 않아 서운한 감정이 들었을 때를 예로 들어볼게요.

잘못된 표현
"너는 항상 약속을 안 지켜! 저번에도 그랬고, 그전에도 그랬고!" 이런 식으로 과거의 행동을 반복적으로 들추면 상대방은 변명하기 급급해거나 방어적인 태도를 보이기 쉽습니다.

바람직한 표현
반면, "나는 약속을 중요하게 생각해. 앞으로는 시간 약속을 지켜주면 더 좋을 것 같아." 이처럼 미래형, 즉 앞으로 해줬으면 하는 점을 말하면 상대방도 부담 없이 받아들이고, 긍정적인 변화를 시도할 가능성이 높습니다.

02

미안해가 아닌 알겠어가 나올 수 있도록: 같은 어조로 말하기

살다 보면 상대에게 같은 부탁을 여러 번 해야 하는 순간이 옵니다. 처음에는 부드럽게 요청하지만, 같은 일이 반복되면 점점 감정이 실리기 마련이죠. 한두 번은 참아도 세 번째, 네 번째가 되면 결국 언성을 높이게 되고, 감정이 격해진 말이 오가게 됩니다. 하지만 이때는 감정이 섞인 말이 아니라 일관된 어조로 전달하는 것이 훨씬 효과적입니다.

같은 말, 다른 결과

예를 들어, 전기세 절감을 위해 가족에게 방에서 나올 때 불을 꺼 달라고 부탁하는 상황을 가정해 봅시다.

첫 번째 방식

1. "방에서 나오면 불 꺼줘."
2. "방에서 나오면 불 꺼줘."
3. "방에서 나오면 불 꺼줘."

→ **상대의 반응**: "알겠어."

두 번째 방식

1. "방에서 나오면 불 꺼줘."
2. "방에서 나오면 불 꺼줘."
3. "방에서 나오면 불 끄라고 몇 번 말해야 돼?!"

→ **상대의 반응**: "미안해…"

두 번째 방식에서는 단순한 부탁이 아닌 상대를 '미안한' 감정으로 몰아넣습니다. 반복되는 상황에 짜증이 나서 강한 어조를 사용했지만, 결과적으로는 상대의 방어적인 태도를 유발할 뿐입니다.

우리는 '미안해'라는 반응이 아닌 '알겠어'라는 반응이 나오도록 말해야 합니다. '미안해'는 사과의 표현이지만, 반드시 행동 변화를 이끌어내는 것은 아닙니다. 미안한 감정이 들면 순간적으로 위축될 수는 있지만, 그것이 곧 습관의 변화로 이어지지는 않죠.

반면, 같은 말을 반복해서 들었을 때, 상대는 스스로 '아차!' 하는 순간을 경험하게 됩니다. 이때의 깨달음이야말로 실질적인 행동 변화를 만들어냅니다.

'방에서 나오면 불을 꺼줘.'라는 말을 들었을 때, 상대는 처음에는 무심코 넘길 수도 있습니다. 하지만 같은 말이 같은 어조로 반복되면, 어느 순간 자연스럽게 그 말을 떠올리게 됩니다. 이는 자책감이나 방어적인 태도를 유발하는 것이 아니라, 단순한 습관 형성을 돕는 과정이 됩니다.

대화의 목적을 생각하는 것이 중요합니다. 우리의 목적은 상대의 행동을 바꾸는 것이지, 상대를 몰아세우는 것이 아닙니다. 언성을 높이거나 감정을 섞는 순간, 문제의 본질은 흐려지고 관계에 불편함이 생깁니다. 상대가 스스로 '알겠어.'라고 답할 수 있도록, 같은 말을 같은 어조로 전하는 연습을 해보세요. 이 작은 변화가 관계를 더욱 건강하게 만들 것입니다.

03

마법의 단어
'~구나'

이른바 꼰대로 불리는 사람들이 유독 못하는 말이 있습니다.

"아~ 그렇구나"

그들은 상대의 의견을 받아들이기보다는, "아니, 그건 말이야" 하면서 바로 훈계 모드로 들어갑니다. 권위적인 태도로 상대에게 본인의 생각을 강요하기 바쁘죠. 결국 대화는 끊기고, 상대는 더 이상 말하고 싶지 않게 됩니다.

혹시 대화만 하면 분위기를 싸하게 만드는 사람을 만난 적이 있나요? 이런 사람들에게도 공통적인 특징이 발견됩니다. 대화의 맥락과 상관없이 팩트만을 강조하며 할 말이 없게 만들어버리죠.

ex.
요즘 부쩍 날이 추워진 것 같아
A: 그러게! 따뜻하게 입어야겠다.
B: 겨울이니까 당연히 춥지.

사람은 누구나 자기 의견이 존중받고 있다는 느낌을 원합니다. 하지만 우리는 종종 '다름'을 받아들이는 태도가 부족한 사람들을 만나게 됩니다. 대화를 하면서도 내가 옳다고만 주장하려는 사람들이죠. 하지만 나와 다른 의견을 가진 사람에게도 열린 마음을 가지는 것이 중요합니다. 다른 의견을 수용하고, 그 속에서 배울 점을 찾는 태도가 갈등을 줄이고, 건강한 소통을 만들어 갑니다.

연인 사이에서도 '구나'는 마법의 단어로 작용합니다. 예를 들어, 상대가 "오늘 회사에서 너무 스트레스 받았어."라고 말했을 때,

"아~ 그랬구나. 뭐 때문에 그랬어?"

이렇게 반응하면, 상대는 자신의 감정을 존중받고 있다고 느낍니다.

반면에, "그런 건 다들 겪는 거야." 혹은 "바쁜 시즌이니까 그렇지." 이렇게 반응하면, 상대는 위로받기는커녕 감정을 부정당한 느낌을 받게 되죠.

어떤 사람들에게는 이런 공감 표현이 어색할 수도 있습니다. 평소 감정보다는 논리적인 대화를 선호하는 사람이라면, '~구나' 표현을 쓰는 것이 처음에는 어색할지도 모르겠습니다. 그렇다면 이렇게 연습해보세요.

상대의 말을 한 번 더 되짚어주세요.

"아~ 힘들었구나."

공감한 뒤에 자연스럽게 질문을 던지세요.

"그랬구나. 그래서 어떻게 했어?"

이렇게 사소한 변화만으로도 대화는 훨씬 따뜻해질 수 있습니다. 상대방이 마음 편히 이야기를 나눌 수 있는 분위기가 형성되고, 대화가 일방적인 주장이나 훈계가 아니라 자연스럽게 흐르게 됩니다. 결국, 좋은 관계는 누가 더 맞고 틀리냐를 따지는 것이 아니라, 서로의 감정을 이해하고 존중하는 태도에서 시작됩니다.

04

구체적으로 말하기

"할 말 있는데, 잠깐 통화 괜찮아?"

일상에서 이런 상황을 경험해본 적이 있습니다. 이 말은 아무 생각 없이 툭 던지는 말일 수 있지만, 상대방 입장에서는 그 말만으로도 여러 가지 감정과 생각이 떠오를 수 있습니다. 정말 간단하게 할 말이 있는지, 아니면 중요한 이야기가 있을지 알 수 없기 때문입니다.

일을 잘하는 사람들은 이런 식으로 대화를 시작하지 않습니다. 그들은 상대방에게 불필요한 불안을 주지 않으며, 대화의 목적과 흐름을 미리 명확하게 전달합니다. 왜냐하면, 구체적이고 명확한 말은 상대방에게 더 큰 신뢰감을 주고, 대화를 효율적으로 이끌어 갈 수 있기 때문입니다.

예를 들어, 아래와 같은 상황을 살펴보겠습니다

(1)

A : 잠깐 시간 괜찮으세요?

B : 어떤 일 때문에 그러시는 거예요?

A : ○○○건으로 논의하고 싶어서요.

B : 시간이 얼마나 소요될까요?

A : 10분 정도면 될 것 같습니다!

이 경우, A가 처음에 "잠깐 시간 괜찮으세요?"라고 대화의 시작을 엽니다. 하지만 이 말은 A가 말하려는 구체적인 내용을 전혀 알 수 없기 때문에, B는 예상할 수 없다는 것에서 불안감을 느낄 수 있습니다. "잠깐"이라는 표현도 상대방에게 명확히 전달되지 않는, 추상적인 단어이기 때문에 불필요한 의문을 유발할 수 있습니다. B는 해당 대화가 10분이 될지 30분이 될지 알 수 없기 때문에 이를 확인하기 위해 더 많은 질문을 해야할 수밖에 없습니다. 이 과정에서 불필요한 시간 낭비가 발생하고, 대화가 지연되기 시작합니다. 그렇다면 아래 예시는 어떨까요?

(2)
A : ○○○건 때문에 그러는데 10분 정도 통화 가능하세요?
B : 네, 가능합니다.

이 예시에서는 A가 처음부터 구체적인 정보를 전달합니다. "○○○건"이라고 대화의 주제를 분명히 짚어주고, 소요될 시간도 미리 언급하여 B가 충분히 준비할 수 있도록 합니다. 이로 인해 B는 A가 말하려는 주제에 대해 예상할 수 있게 되고, 대화에 필요한 시간도 명확히 알게 되어 불안할 이유가 없어집니다. 또한, B는 상대방의 요청을 빠르게 수락하거나 혹은 거절할 수 있기 때문에, 전체적인 대화가 효율적으로 진행될 수 있습니다.

불확실성은 항상 불안을 동반합니다. 상대방이 무엇을 듣게 될지, 얼마나 시간이 소요될지 전혀 예측할 수 없다면, 그 대화는 자연스럽게 긴장감을 유발하고 비효율적이게 됩니다. 반면에, 구체적이고 명확한 커뮤니케이션은 상대방이 대화를 준비하고 마음을 정리할 수 있게 해주어, 더 빠르고 효과적인 소통을 가능하게 합니다.

05

호칭 붙이기

　사회생활을 하다 보면 대면이든 비대면이든 상대를 불러야 하는 순간이 많습니다. 그러나 사적인 친분이 없는 관계에서 상대를 어떻게 불러야 할지 고민될 때가 있습니다. 이럴 때, 모호한 대명사 대신 직책이나 이름을 활용하는 것이 좋습니다.

　이름을 알지 못하는 경우라도 '저기요', '여기요' 같은 막연한 표현보다는, 상대의 직책을 알고 있다면 '팀장님', '대표님' 등으로 부르는 것이 훨씬 효과적입니다. 직책을 모른다면 이름 뒤에 '~씨'를 붙이는 것이 적절하며, 이름도 직책도 모를 경우엔 집단에 따라

다를 수 있지만, '선생님' 같은 일반적인 호칭을 활용하는 것도 방법입니다.

프리랜서의 숙명이라고 할 수 있는데요, 함께 일하는 사람이 매번 달라집니다. 특히 야외 행사에서는 광고 대행사 직원, 기업 관계자, 엔지니어, 초대 가수 등 다양한 사람들이 모이지만, 모두와 인사하고 이름을 외울 시간이 부족합니다. 시간이 부족하다기보다는 그런 통성명을 하는 시간 자체가 없습니다. 리허설 진행 상황을 물어보기 위해 스태프를 불러야하는 상황이라고 가정해봅시다. 이름도 모르고, 저분의 직함이 대리인지 팀장인지도 모르겠습니다. 이럴 때, 무심코 '저기요!' 라고 하기 쉽습니다. 단순히 영어의 excuse me 의 의미로 '저기..'라고 하는 것은 크게 상관이 없을지라도 상대를 지칭하는 2인칭 대명사로 '저기요'를 잘못 사용하면 예의에 어긋나 보일 수 있습니다. 특히 나보다 연장자이거나 사회적으로 직급이 높은 사람에게는 적절하지 않은 표현입니다.

스포츠 리포팅 현장을 처음 갔을 때, 회사 사무실 내에서는 한 번도 뵌적 없는 스태프 분들이 많았습니다. 처음 마주한 카메라 감독님이나 음향 담당 스태프를 부를 때도, 그들의 역할을 존중하는 의미에서 '감독님'이라고 부르면 훨씬 긍정적인 인상을 남길 수 있습니다. 반대로, 제가 불러지는 입장에서도 마찬가지였습니다. 촬영장에서는 '아나운서님'이라고 불릴 때 감사한 마음이 들었고, 강의장에서는 '강사님', '선생님'이라는 호칭이 자연스러웠습니다.

적절한 호칭 사용은 상대방의 역할을 인정함과 동시에, 관계를 더욱 명확하게 정리해주는 효과가 있습니다. 특히 수직적인 관계에서 '사장님', '대표님', '선생님'과 같은 호칭을 사용하면 자연스럽게 예의를 표현할 수 있습니다.

06

구체적인 감사

우리는 종종 상대방이 우리를 위해 해준 일에 감사함을 느끼면서도, 그것을 표현하는 데에는 인색한 경우가 많습니다. 하지만 작은 행동 하나에도 고마움을 표현하면 그 순간이 더욱 의미 있어지고, 관계의 온도가 한층 따뜻해질 수 있습니다. 특히, 단순한 "고마워"를 넘어 구체적인 감사 표현을 더한다면 관계가 더 끈끈해질 수 있습니다.

이는 단순한 예의 차원을 넘어 인간의 본능적 욕구와도 연결되는데요. 매슬로우의 5단계 욕구 이론을 보면 알 수 있습니다. 매슬로우의 욕구 이론 중 1단계는 생리적 욕구로, 생존하기 위해 가장 기본적으로 충족해야 하는 것입니다. 이를 충족하기 위해 필요한 것들에는 음식, 물, 공기 등이 있습니다. 가장 기초적이지만 없으면 안 되는 것들이죠. 2단계는 안전의 욕구입니다. 거센 비바람이나 야생 동물의 공격으로부터 나를 보호할 안전한 집(주거)을 원하는 것이 이 단계에 해당됩니다. 더 나아가 재정적인 안정을 위해 일정한 소득을 벌 수 있는 직업을 얻는 것도 안전의 욕구 때문이라고 할 수 있습니다. 3단계는 사회적 욕구입니다. 우리는 누군가와 관계를 맺으며 살아가는 사회적 동물임을 여기서 알 수 있습니다. 회사에서 돈을 열심히 벌어 안전의 욕구를 충족했더라도, 회사 내 사람들과 관계가 좋지 않다면 소속감 및 유대감을 느끼지 못해 불안함을 느낄 가능성이 큽니다. 4단계는 존중의 욕구로, 타인에게 인정받고 존중받고 싶어하는 심리입니다. 마지막 5단계는 자아실현의 욕구입니다. 창의성, 자아 실현 등이 이에 해당하며 자신의 삶의 의미나 목표를 찾으려는 의지 등이 발현됩니다.

    타인과 좋은 관계를 유지하기 위해 감사를 표현해야하는 이유는 감사의 표현이 5가지 욕구 중 네 번째 단계인 '존중의 욕구'를 충족시켜줄 수 있기 때문입니다. 사람은 누구나 인정받고 싶어 하고, 사회적 지지를 받는다는 느낌을 받을 때 심리적으로 안정감을 얻습니다. 이는 단순히 듣기 좋은 말 한마디에서 그치는 것이 아니라, 상대의 존재와 기여를 인정하는 것이기 때문입니다.

뿐만 아니라, 감사함을 표현하는 것은 나 자신의 정서적 안정에도 긍정적인 영향을 미칩니다. 한 연구에 따르면[*], 연인 관계에서 감사의 표현은 단순히 상대방을 기분 좋게 하는 것에 그치지 않고, 이를 표현하는 사람 즉, 스스로에게도 우호적인 자기 인식을 형성하는 데 도움을 준다고 합니다. 다시 말해, 자신이 상대의 도움을 받았다는 사실을 인정하는 인지적 선택은 정서적 안정을 주고, 이는 나 자신의 감정도 긍정적으로 바꿀 뿐더러 상대방에게도 자연스럽게 전달되면서 관계가 더욱 단단해진다는 것이죠.

그렇다면, 감사함을 더욱 효과적으로 표현하는 방법은 무엇일까요? 핵심은 '구체성'입니다. 추상적인 표현보다는 상대방이 해준 행동을 명확하게 짚어주는 것이 중요합니다. 예를 들어, 친구가 맛집을 추천해줘서 함께 갔다고 가정해볼까요? 단순히 "고마워"라고 하는 것보다,

---

[*] 변상원 and 이동귀. (2020). 감사태도와 감사표현이 연인관계 만족도에 미치는 영향 : 자기자비와 사회적 지지를 매개로. 재활심리연구, 27(1), 175-193.

"너 덕분에 이런 좋은 곳을 알게 돼서 정말 맛있는 음식을 먹을 수 있었어. 고마워!"

라고 표현하면 친구도 자신의 추천이 의미있었음을 느끼고, 다음에도 좋은 곳을 또 함께 가고 싶어질 것입니다. 이때 "음식이 너무 맛있다!, 식당 분위기가 정말 예쁘다!" 처럼 음식이나 식당에 대한 평가만 하는 게 아니라 상대방의 행동, 의도를 인정해주는 표현을 해주는 것이 좋습니다. 여기에 상대방을 존경하는 표현을 덧붙여주면 더 좋아요. 추켜세워주는 것이죠.

"역시 우리과 쩝쩝박사다. 믿고 먹는 ○○픽이다."

직장에서라면 더욱 그렇습니다. 협업하는 과정에서 상대방의 노력이 보일 때, 그 기여를 인정하며 감사함을 표현해보세요.

저는 촬영이 끝난 후, 결과물이 정말 잘 나왔을 때 이렇게 감사함을 표현하곤 합니다. 단순히 "수고하셨습니다."라고 말하지 않고,

"PD님이 예쁘게 촬영해주신 덕분에 영상이 잘 나왔어요."

감사합니다!"

이렇게 말합니다.

이렇듯 감사의 표현은 때때로 상대방을 칭찬하는 의미를 포함하기도 합니다. 작은 도움에도 구체적으로 감사를 표현하는 습관을 들이면, 서로의 존재 가치를 더욱 소중히 여기게 되고, 관계의 질도 자연스럽게 향상됩니다.

마지막으로, 우리가 기억해야 할 것은 감사의 표현이 거창할 필요는 없다는 점입니다. 때때로 고마움을 표현하고는 싶은데, 거창하게 말을 해야한다는 부담감에 시기를 놓쳐 결국 마음을 전하지 못하기도 합니다. 하지만 괜찮습니다. 진심이 담긴 딱, 한마디. 한마디면 됩니다.

"덕분에 일이 정말 잘 풀렸어요. 고마워요."
"항상 챙겨주셔서 정말 감사드립니다."

작은 말 한마디가 상대의 하루를 바꿀 수 있습니다. 그리고 그 작은 말이 쌓여, 관계를 더욱 단단하게 만들어줄 거예요.

07

화가 났을 때는
직선으로!

분노는 부정적인 감정임이 분명하지만, 이를 적절히 표현하지 않고 억누르기만 하면 의욕 저하나 우울감으로 이어질 수 있습니다. 많은 사람들이 화를 내는 것을 공격성과 동일시하며 관계를 해치는 요소로 여기지만, 장기적으로 보면 오히려 단단한 관계를 만드는 계기가 되기도 합니다. 비 온 뒤 땅이 굳는다는 속담처럼, 갈등을 건강하게 풀어내는 과정에서 신뢰가 깊어지는 경우도 많습니다.

사람과 사람이 관계를 맺다 보면 의견 차이는 필연적으로 발생합니다. 나와 완벽히 같은 생각을 가진 사람을 만나는 것은 거의 불가능하며, 각자의 성장 배경과 경험이 다르기 때문에 아무리 비슷한 가치관을 지닌 사람이라도 차이를 겪을 수밖에 없죠. 따라서, 관계 속에서 내 의견을 분명히 밝히고 나 자신을 지키기 위해 화를 낼 필요가 있는 순간도 존재합니다.

그러나 이때 말투가 오해를 불러일으킨다면, 본래 의도와 다르게 전달되어 억울한 상황이 발생할 수 있습니다. 예를 들어, 나는 단호하게 의견을 표현했는데 상대방이 "왜 이렇게 감정적이야?", "왜 저렇게 징징거려?"라고 받아들인다면, 이는 의사소통의 문제로 이어질 것입니다.

한 연애 프로그램에서 나온 대화입니다.

A: "다른 사람도 다 그렇게 생각해."
B: "다른 사람도 그렇게 생각한다는 말 좀 하지 마."

이 장면이 방영된 후, 많은 시청자들은 B가 감정적이라고 비판했습니다. 하지만 텍스트로만 본다면 B의 반응은 충분히 합리적인 주장처럼 보입니다. B가 감정적으로 보였던 이유는 단순히 말의 내용 때문이 아니라, 말할 때의 억양과 높낮이가 들쭉날쭉했기 때문입니다.

"다른 사람도 그렇게 생각한다는 말 좀 하지 **마!**↗"

화를 내야 할 순간에는 감정적 기복을 줄이고, 목소리의 높낮이를 일정하게 유지하는 것은 매우 중요합니다. 지나친 감정의 기복 없이 말을 꺼내면 상대방에게도 나의 주장이 더 분명하게 전달될 수 있습니다.

chapter 7.

나를 위한 말하기

스피치 챌린지 드림메이트를 운영하면서, 참여자분들께 꼭 해주는 말이 있습니다.
"스피치에서 '발성', '발음'도 물론 중요하지만 '자신감'이 1번입니다."
아무리 다듬어진 발성과 발음을 탑재했다고 하더라도 자신감이 없으면 말을 잘할 수 없습니다. 자신감도 연습할 수 있습니다.
이번 장에서는 여러분이 말하기에 자신감을 얻을 수 있는 방법을 소개해드리겠습니다.

01

준비 안하고
말 잘하는 사람 없다

누구나 말 잘하는 사람을 부러워하곤 합니다. 그들이 마치 준비 없이도 자연스럽고 멋지게 말하는 것처럼 보일 때, 우리는 "저 사람은 정말 타고났구나."라고 생각하기 쉽습니다. 하지만, 사실 말을 잘하는 사람도 철저한 준비가 있었기 때문에 그만큼의 결과를 낼 수 있는 것입니다.

예를 들어, 스포츠 아나운서들은 1분짜리 리포팅 대본을 준비하기 위해 최소 10개의 뉴스 기사를 찾아보고, 그 중에서 중요한 정보를 추려내기 위해 긴 시간을 할애합니다. 또한, 인터뷰 질문 4

개를 만들어내기 위해 4시간 이상 먼저 경기장에 도착해서, 상황을 분석하고 관찰하는 데 많은 노력을 기울입니다. 단순히 1분짜리 방송을 위해서 이렇게 많은 준비가 필요한 이유는, 짧은 시간이지만 청중에게 정확하고 신뢰성 있는 정보를 전달하기 위해서입니다.

저도 방송 현장에 투입되기 전에 교육생 시절, 1분짜리 대본을 작성하기 위해 전년도 시즌의 1년치 경기를 정주행하며 연습했던 기억이 납니다. 그렇게 많은 시간을 들여 경기를 반복해서 보면서, 캐스터 선배 그리고 해설위원님의 말을 받아적으며 공부했습니다. 어떤 포인트에서 어떤 표현을 쓰는지를 머릿속에 입력하는 과정이었습니다. 특히 생방송처럼 즉흥적인 상황이 많은 경우, 방송을 진행하는 동안에는 예상치 못한 상황이 발생할 수 있습니다.

예를 들어, 차가 막혀 갑자기 출연진의 도착 예정 시간이 늦어지게 되는 상황. 정말 빈번하게 발생합니다. 이때 사전에 미리 조사해둔 출연진의 약력이라든지 아니면 기존에 사용하려고 준비해둔 시간을 때우는 멘트들, '(무대 음향 장비 세팅이 늦어질 때) 여러분께 더욱 멋진 무대를 선보이기 위해 준비 시간이 조금 길어지고 있습니다.'를 최대한 활용해 시간을 끕니다. 이처럼 평소에 많은 준비를 통해 예상되는 상황에 대한 대처 방법을 최대한으로 준비해둡니다. 방송을 보거나 책을 읽으며 좋은 표현이나 유용한 정보가 있으면 메모장을 켜 수집하고, 그 내용을 빠르게 자신만의 방식으로 변형하여 방송에 활용합니다.

또한, 행사를 진행할 때 박수를 유도하는 표현도 굉장히 다양한데요. 진행을 잘하는 아나운서들은 단순히 "박수 부탁드립니다"라는 표현을 반복하지 않습니다.

"따뜻한 박수 부탁드립니다."
"뜨거운 박수 부탁드립니다."
"우레와 같은 박수와 환호성 부탁드립니다."
"진심을 담아 박수 보내주세요."

이처럼, 하나의 표현을 반복하는 것이 아니라, 매번 새로운 표현을 사용하여 청중이 더 활발히 반응할 수 있도록 유도합니다. 한 번 사용한 표현을 또 사용하지 않기 위해 여러 가지 표현을 미리 준비하고, 상황에 맞는 최적의 말을 고르기 위해 끊임없이 학습합니다.

결국, 준비 없이 말 잘하는 사람은 없습니다. 말을 잘하는 사람은 그 말을 하기 위해 수많은 준비를 했을 것입니다. 좋은 아웃풋을 원한다면, 반드시 좋은 인풋이 필요합니다. 연습, 공부, 경험을 통해 얻은 정보와 지식을 바탕으로, 우리는 더 나은 말과 대화를 만들어낼 수 있습니다.

일상 속에서 쉽게 내 머릿속 인풋을 확장해볼 수 있는 방법은 '일기를 쓰는 것'입니다. 내가 직접 경험한, 어렵지 않은 주제이기에 부담 없을 거예요. 오늘 하루 가장 기억하고 싶은 일을 친구에게 말하듯 글로 써보세요. 혹은 하루 중 좋았던 대화를 짧게 기록해보세요.

아래 제안드리는 7가지 주제에 관해 1-3분 정도 이야기해보는 연습도 해보세요. 이때, 최대한 짧은 문장으로 말하면 좋습니다.

일상 스피치 주제 7가지

1. 어제 한 일
2. 주말에 할 일
3. 좋아하는 영화/드라마
4. 나만의 시간관리 방법
5. 올해 안에 이루고 싶은 것

6. 작년에 하지 못해 후회하는 것

7. 긍정적 영향을 준 조언이나 인사이트

02

표현력 늘리기,
매력적으로 말하기

유튜브 영상을 찍고 직접 편집합니다. 이때, 컷편집에서 가장 많이 잘라내는 단어 1위가 '막', 2위가 '좀', 3위가 '약간'이에요. 편집하다보면 이 부사들은 굳이 없어도 문장이 충분히 전달된다는 걸 깨닫습니다. 그리고 없앴을 때, 훨씬 더 깔끔한 느낌을 줍니다.

'정말, 진짜, 짱'을 사용하지 않고 오늘 먹은 끝내주는 저녁에 대해 표현해보세요.

예시.
"오늘 먹은 저녁이 정말 맛있었어."
⇒ "오늘 저녁은 입안에서 살살 녹는 스테이크와 신선한 샐러드가 완벽한 조화를 이루었어."

같은 의미지만, 후자의 문장은 더 구체적이고 감각적으로 다가옵니다. 습관적으로 사용하던 부사를 줄이면 풍부한 표현이 가능해집니다. 말을 잘한다는 것은 다양한 것을 잘 표현한다는 뜻이기도 합니다.

홈쇼핑 방송 한 번쯤 봐본 적 있으실 겁니다. 쇼호스트는 정해진 대본 없이 물건을 소개하고, 판매합니다. 심지어 단순히 제품을 설명하는 것이 아니라, 시청자의 관심을 끌고 구매 욕구를 자극하는 다양한 표현법을 활용하죠. 소금빵을 판매하는 방송이라고 했을 때, 쇼호스트가 방송 내내 '진짜 맛있어요. 정말 맛있어요.'라고만 표현을 하면 우리는 설득이 잘 되지 않을 것입니다.

예시.
진짜, 정말
⇒ "겉은 바삭하고 속은 쫀쫀해요! (소금빵을 찢으며) 이 식감, 보이시죠?"

상품의 특징을 생생하게 전달하기 위한 '오감 활용법'입니다. 시각, 청각, 촉각, 후각, 미각을 자극하는 표현을 사용하는 것이죠. 화장품을 소개할 때도 마찬가지입니다. 그냥 '진짜 촉촉하다' 보다는 '물처럼 흐르는 제형이라 바르는 순간 수분이 팡팡 터지는 느낌이에요.'라고 표현을 하면 더 와닿죠? 향을 소개할 때는 '향이 정말 좋아요.'보다는 '방금 막 세탁기에서 꺼낸 빨래에서 나는 향긋한 섬유유연제향이에요.'라고 표현을 해보는 것이죠.

이는 시청자가 제품을 직접 만져보거나 향을 맡아볼 수 없으므로, 최대한 상상이 가능하도록 설명해주는 거예요. 일상 생활에서도 이처럼 감각을 자극하는 표현법을 활용하면 좋아요. 유독 '썰을 잘푸는' 친구가 있을 거예요. 그들은 이런 감각 묘사를 잘한다는 공통점이 있습니다. 듣는 사람이 직접 경험한 것이 아니더라도 생생하게 묘사해 주니 장면을 쉽게 떠올릴 수 있겠죠. 이야기에 빨려들어가게 됩니다. 또한, 이런 표현 방법은 설득력이 높습니다. 쇼호스트의 방송처럼 우리도 누군가를 설득해야할 때, 이런 감각적 표현을 활용해볼 수 있습니다. 설명과 설득의 과정에서 지루함이 느껴지는 순간 상대는 내 이야기에 귀를 기울이지 않게 됩니다. 정말 많은 말을 준비했는데, 상대가 그 말을 듣지 않으면 말짱도루묵입니다. 전달되지 않은 말은 이 세상에서 제일 쓸모없는 것임을 기억하세요. 명확하고 인상적으로 전달하기 위해서는 '진짜, 짱'을 버리고 구체적인 **'오감 자극 표현법'**을 활용해보세요. 어떻게 말하느냐에 따라 더 매력적이고 영향력 있는 화자가 될 수 있습니다.

습관적으로 사용하는 부사를 줄이려면 먼저 내가 어떤 부사를 자주 사용하는지 알아야 합니다. 이를 파악하는 좋은 방법이 '유튜버 놀이' 입니다. 핸드폰 카메라를 켜고 지금 바로 자기소개 영상을 찍어보세요. 길게 찍을 필요도 없고, 1~3분이면 충분합니다. 찍고 나서 보면 특정 부사를 계속 반복하는 걸 발견할 수 있을 거예요. 이러한 말버릇은 의식하면 많이 좋아집니다. 내가 그 단어를 사용하지 말아야겠다고 생각하면 10개 쓸 것을 5번만 쓸 수 있습니다. 이미 평생을 습관처럼 써온터라 바로 아예 안 써지진 않을 거예요. 하루에 1번이라도 안 써야겠다고 생각해보세요.

유튜버 놀이 스피치 주제 추천

1. 최애 음식
2. 최애 음료
3. 삶의 목표
4. 아침 루틴

5. 갖고 싶은 초능력
6. 가장 좋아하는 장소
7. 가보고 싶은 해외 여행지
8. 무인도에 가져갈 3가지 아이템
9. 인생에서 가장 소중하다고 생각하는 가치
10. 과거로 돌아갈 수 있다면 언제로 돌아가고 싶은지와 이유

에필로그

　기꺼이 소중한 시간을 내어 이 책을 끝까지 읽어주신 독자 여러분께 진심으로 감사드립니다. 부디 이 책을 덮는 순간, 적어도 말에 대한 '두려움'만큼은 조금 덜어내셨길 바랍니다.
　지금까지 아나운서로 일하고, 친구들과 대화하며 직접 느끼고 배운 스피치 노하우들을 이 책에 담아 소개해드렸습니다. 사실, '과연 내가 책을 써도 될까?' 하는 고민도 많았습니다. 하지만 그때마다 스스로에게 되뇐 저만의 비전이 하나 있습니다.

"내가 아는 것을 나누는 삶을 살자."

저에게는 그저 스쳐 지나간 일상의 한 장면이었을지 몰라도, 누군가에게는 그것이 큰 깨달음이 될 수 있다고 믿었습니다.

〈더 인플루언서〉라는 넷플릭스 프로그램을 보면서, 뷰티 크리에이터 이사배님에게 큰 감명을 받았습니다. 진정성과 전문성을 갖춘 사람. 나도 그렇게, 내가 가진 것을 진심으로 전달하는 사람이 되어야겠다고 다짐한 순간입니다. 그래서 저는 지금도 '드림메이트'를 통해, 알고 있는 스피치 스킬과 아나운서로서 체득한 노하우를 아낌없이 나누고 있습니다. 그리고 참가자분들이 점차 변화하고, 말하기에 자신감을 얻는 모습을 볼 때마다 정말 큰 보람을 느낍니다. 그래서 말하기에 어려움을 느끼는 독자 여러분들께도 꼭 알려드리고 싶었습니다.

이 책에서 가장 말하고 싶었던 것은 '완벽한 말솜씨'보다 더 중요한 것이 있다는 점입니다. 바로 "내 말이 상대에게 어떻게 들릴까?"를 고민하는 태도입니다. 그 순간부터 우리는 더 좋은 화자가 되어갈 수 있습니다.

책을 쓰는 동안, 저 또한 다시금 깨달았습니다. 따뜻한 말 한마디가 누군가의 하루를 바꾸고, 상처를 감싸주며, 멈춰 선 마음을 다시 걸어가게 만들 수 있다는 것. 우리가 매일 쓰는 말이 얼마나 큰 힘을 가지고 있는지를 알게 되면, 말투 하나도 함부로 쓸 수 없게 됩니다. 누군가를 다그치지 않으면서도 정확하게 말할 수 있고, 상처 주지 않으면서도 내 의도를 충분히 전달할 수 있습니다. 이건 타고난 재능이 아니라, 알고 나면 누구나 연습할 수 있는 기술이라고 생각합니다.

물론 말하기는 하루아침에 바뀌지 않습니다. 말투는 우리 자신에게 가장 깊이 뿌리내린 습관이기 때문입니다. 이 책 한 권만으로 오랜 습관이 당장 달라지진 않을 거예요. 하지만 책 속에 담긴 '작은 연습'부터 실천해보세요. 그런 작은 변화들이 쌓이면, 어느새 더 나은 내가 되어 있을 것입니다. 처음엔 어색하게 느껴졌던 표현들이 어느 순간 자연스럽게 흘러나오게 될 거예요.

이 책을 덮는 오늘, 당신이 누군가에게 건네는 첫 마디가 조금 더 부드럽고, 따뜻하길 진심으로 응원합니다.